MW01634146

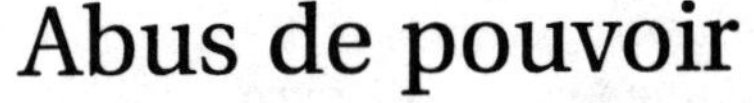

Abus de pouvoir

Du même auteur

Confidences, recueillies par Estelle et Jean Véronis et Nicolas Voisin, Max Milo, 2007.
Projet d'espoir, Plon, 2007.
Au nom du tiers état, Hachette Littératures, 2006.
Oui : plaidoyer pour la Constitution européenne, Plon, 2005.
Relève, Grasset, 2001.
Hors des sentiers battus : entretiens avec Sylvie Pierre-Brossolette, Hachette Littératures, 1999.
Ils portaient l'écharpe blanche : l'aventure des premiers réformés des guerres de Religion à l'édit de Nantes, de la révocation à la Révolution, Grasset, 1998.
Henri IV raconté par François Bayrou, Perrin Jeunesse, 1998.
Le Droit au sens, Flammarion, 1996.
Henri IV, Flammarion, 1994.
La Décennie des mal-appris, Flammarion, 1990.

François Bayrou

Abus de pouvoir

PLON

www.plon.fr

Introduction

Le président de la République actuel a un plan. Il nous conduit là où la France a toujours refusé d'aller. Il le fait sans mandat, sans avoir exposé son intention, au contraire. Il le fait contre la volonté des Français, qui, pour beaucoup d'entre eux, éprouvent un sentiment de malaise, mais ont du mal à comprendre la réalité du projet qui est méthodiquement suivi. Y voir clair, comprendre où on nous mène, voilà l'urgence.

L'entreprise politique qui se mettait en place à l'occasion de l'élection présidentielle de 2007 m'a très tôt inspiré de la méfiance. J'en voyais les excès, la forte détermination, les moyens extraordinaires qu'elle mobilisait. J'en distinguais les « valeurs », mot que j'utilisai pour dire où était mon désaccord avec le candidat qui allait être élu, et pour qui je ne voterais pas au deuxième tour. Mais il m'a fallu des mois pour conclure que les décisions que je combattais, les choix où l'on nous entraînait avaient leur place dans une stratégie d'ensemble. Et que c'était ce plan qu'il convenait d'abord de déchiffrer, ce qui n'est jamais facile, et ensuite de combattre.

Je ne suis pas seul dans la difficulté de ce dévoilement. Plus nombreux chaque jour, de tous milieux, des Français prennent conscience des atteintes si nombreuses à nos principes acceptées, ou voulues, par le pouvoir. Mais souvent ils se regardent incrédules et secouent la tête en se demandant s'ils ne rêvent pas. En effet, le tableau complet n'est jamais intégralement dessiné, cliniquement dépeint, de la prise de contrôle, de cette emprise méthodiquement organisée d'une idéologie sur la France et sa société.

Il faut d'abord accepter l'idée que le pouvoir n'agit pas par foucades comme il semble si souvent. Plus exactement, qu'il n'agit par foucades que sur ce qui est secondaire, et distraction. Que pour le reste, il sait exactement où il va, depuis longtemps. Il y a, dans tout cela, un *régime* que l'on tente d'imposer à la France, c'est-à-dire à la fois un mode de gouvernement et une idéologie, au service d'un projet de long terme.

D'abord, la plus impressionnante confiscation de tous les pouvoirs qui ait été tentée depuis des décennies en cette cinquième République qui pourtant en a vu bien d'autres en matière de toute-puissance au sommet de l'État.

Ensuite, une idéologie, c'est la violation la plus grave, une idéologie qui n'avait jamais osé s'exprimer en France à visage découvert, un modèle de société fondé sur l'inégalité, le creusement des inégalités accepté et même recherché. Il faut mesurer quel viol est ainsi imposé à la France républicaine, à quel ébranlement on l'expose en la conduisant au contraire même de la tradition historique qui est la sienne.

Enfin, des réseaux d'intérêt puissants, liés entre eux pour porter au pouvoir celui qui avait promis de les servir, et bientôt dépassés par leur créature, au point de s'effrayer en secret de la toile qui vient peu à peu s'imposer à tous les centres de décision, notamment économiques et financiers.

Ainsi le pouvoir abuse de tous les pouvoirs.

Tous les centres de décision qui permettent à un pays, à une nation, à une économie de garantir la liberté des citoyens, leur information, leur créativité, leur égalité des chances et des droits, de se défendre contre l'arbitraire, sont peu à peu contrôlés. Et mis en cause aussi tous les chemins qui, dans une société démocratique, permettent à toutes les familles, d'où qu'elles viennent, quelle que soit leur situation, de croire ou de rêver que leurs enfants pourront jouer un rôle, peut-être même le premier rôle, dans l'avenir de leur pays.

Nous avons tous du mal à l'accepter. Et j'ai du mal à l'écrire. M'aurait-on dit, il y a quelques années, que j'assisterais, dans notre pays gaulois, à une telle mainmise, d'une absolue désinvolture, d'une parfaite indifférence aux lois et aux principes les plus banals, les plus grossiers, les plus unanimement respectés, que j'aurais haussé les épaules et souri, en me demandant *in petto* s'il n'y avait pas chez mon interlocuteur un peu de paranoïa. Tant le XXIe siècle paraissait à l'abri de ce type de dérives, réservé aux pages des livres d'histoire ou aux nations exotiques.

Pour moi, pour nous, pour tous, c'était une affaire entendue. Nous, France, étions une démocratie. Une démocratie perfectible, évidemment, insuffisante, à coup sûr, on l'avait suffisamment répété sous les derniers présidents, pas trop regardante, mais au total bonne fille, et que les alternances successives, cohabitation comprise, suffisaient à remettre d'aplomb quand elle en avait besoin, à intervalles réguliers. Et ses dérives si fréquentes, c'étaient esprit de clan et banale faiblesse humaine.

Cette fois, ce n'est pas affaire de faiblesse : c'est autre chose, c'est une entreprise concertée, à la tête de laquelle est une personnalité qui n'aperçoit pas de limite à sa propre volonté de puissance, ni à l'intérieur de notre pays, ni à l'extérieur, puisqu'il en arrive à se trouver avec les leaders politiques de la planète, non pas en situation de partenariat, en situation d'émulation, mais en situation de rivalité médiatique et, pour tout dire, de *jalousie*.

Si c'était affaire d'ego, on s'en moquerait. Ce ne serait pas la première fois, ni la dernière sans doute. Le pouvoir est un alcool trop fort : il entraîne souvent l'ivresse et très vite l'addiction ; pour l'acquérir, il faut consentir tant de sacrifices que la dépendance guette. Et quand on le rencontre, tant de regards se tournent vers l'élu, tant d'objectifs, de caméras, d'appareils photo, de micros, tant de dos se courbent, tant de regards s'humilient, tant de courbettes s'esquissent, que les caractères les mieux trempés ont du mal à résister. Les plus faibles s'enivrent sans retour des vapeurs de leur propre gloire. Mais après tout, les peuples ont l'habitude. Ils en ont beaucoup vu, des gouvernants qui titubent... Encore faut-il éviter, quand ils sont dans cet état, de leur confier le volant du car de transport scolaire.

Mais, dans le cas du pouvoir actuel, cela va beaucoup plus loin. Il a décidé d'abattre la maison. Dans une bouffée de puissance sans limite, dans la certitude de n'être pas vu, pas pris, il s'est mis en tête de conduire la France hors de son chemin, de la mener précisément là où depuis des décennies elle avait décidé de ne pas aller. D'une nation dont la vocation était de résister à l'ordre dominant du monde, du porte-drapeau des insoumis, il a décidé de faire un zélateur de l'alignement. Et je ne parle pas ici seulement de politique étrangère, de l'OTAN où il a été décidé de nous faire rentrer, de force, dans le rang, nous arrachant en place publique les insignes d'indépendance que nous portions avec fierté depuis que de Gaulle nous avait offert ce risque et cette chance. Je parle de tout le reste, de l'économie, de la justice, du social, de l'éducation. De cet effort séculaire pour donner au mot de République, à l'idéal de démocratie, autre chose qu'un contenu verbeux. Un peu de substance, un peu de réalité : des diplômes équivalents, d'où qu'on vienne, des services publics, où qu'on soit. Un modèle, pas seulement pour nous, mais que le monde reconnaisse et dont on sache, sans risque d'erreur, un peu partout sur notre terre ronde qu'il n'était pas du côté des puissants. Qu'il était un empêcheur de dominer en rond.

C'était cela que nous avions forgé, nous Français. Pas facilement, bien sûr, et même sans y voir toujours clair, par essais et par erreurs, comme se font beaucoup de grandes choses : éclairs d'intuition et beaucoup de travail sur l'établi. Génies rares et artisans aux mains calleuses, confondus au travers des générations et qui se reconnaissent dans leur œuvre commune. Et bien sûr, ça ne marchait pas toujours. Il y avait des moments où nous comptions plus facilement les échecs, les insuffisances, que les succès. Ces échecs, nous les énumérions, l'intégration si difficile, l'école qui marchait moins bien, et qui souvent passait à côté, les déséquilibres budgétaires qui rendaient l'effort de justice, dans tous les domaines, toujours plus difficile à financer. Parce que, bien sûr, la justice coûte plus cher que l'injustice.

Mais j'atteste que pas un instant notre peuple de citoyens n'a envisagé d'abandonner ce chemin que nous avions tracé sur notre carte. Jamais. Nous voulions corriger les faiblesses et les imperfections : faire marcher ce qui ne marchait pas, venir à bout des blocages. Réparer, mais pas renoncer. C'était cela, notre instinct de peuple. Nous voulions accomplir le modèle républicain, le projeter vers l'avenir, avec orgueil. Le partager avec la famille européenne. Le proposer au-delà de nos frontières. Mais jamais personne n'avait médité de l'abandonner. En tout cas personne aux tréfonds du peuple français. Car nous savions bien qu'il était, parmi les puissants, des cercles où l'on s'accordait à penser que ce modèle était en vérité bien encombrant. Où l'on jugeait qu'il empêchait de faire des affaires. Et qu'après tout, puisque le reste du monde paraissait bien vivre sans s'encombrer de cet idéal aux arêtes trop vives, nous serions avisés d'y renoncer. Des gens qui allaient chercher leur modèle ailleurs. Mais nous ne les prenions guère au sérieux, les Minc et compagnie. Chirac lui-même qui n'abordait guère les rivages de la philosophie les avait toisés et ne leur avait pas trouvé la taille haute. « Pensée unique », avait-il dit une fois pour toutes, et nous avions l'impression, maintenant qu'il était avéré qu'ils s'étaient toujours trompés, sur tout et sur tous, qu'ils ne pouvaient plus nuire.

Nous nous trompions.
Nous ne prenions pas garde. Pas assez.

Nous croyions que le modèle français, républicain, démocratique, laïque, social français était si profondément ancré dans notre tissu de peuple que nul n'oserait, et surtout que nul ne pourrait le mettre en cause. Nous croyions que tout le monde savait que lorsqu'on arrache son idéal à un peuple, on lui arrache sa raison de vivre. Comme l'abeille avec son aiguillon.

Nous nous trompions.

Nous n'avions pas vu que cette fois, on allait aligner les grands moyens. Un candidat habile, actif, entreprenant. Des milieux d'influence déterminés. Des intérêts de parti. Plus encore, des intérêts de classe. Et qui ne se trompaient pas[1] sur leurs préférences. Un discours qui prenait le peuple par où, dans ces milieux, on s'imagine qu'il faut le prendre : par le bas. Par le bouc. Bouc émissaire, s'entend. *Ceux qui ne se lèvent pas le matin*, et *ceux qui égorgent les moutons dans les baignoires*, les fainéants de chômeurs, et les musulmans, et la *racaille*, firent l'essentiel de l'affaire, au nom du « travailler plus pour gagner plus » et de « l'identité nationale ». Mais l'essentiel était dans le soutien massif, organisé, de puissances médiatiques complices et conniventes. Beaucoup étaient volontaires, les autres étaient intimidés. Je le découvris au-delà de mes certitudes déjà établies lorsqu'il s'agit d'organiser entre les deux tours un simple débat, élémentaire échange d'idées, avec la candidate du parti socialiste. Toutes les chaînes voulaient organiser ce débat : toutes, les unes après les autres, se défilèrent, usant des prétextes les plus

---

1. Dans la circonscription nord du seizième arrondissement, le seizième nord, comme on dit en politique, réputée la plus riche de France, Nicolas Sarkozy a obtenu 68,9 % des voix *au premier tour* !

dérisoires[1]. Mais auparavant, pendant la campagne, pour soutenir le candidat officiel, déluge de « unes », cataracte de people, sur le thème de la vie de famille au château, des vacances de la famille, des scènes de la vie de famille, du désarroi sentimental, des retrouvailles sentimentales, etc. Pas besoin de donner des ordres. Ce qui devait être fait était fait.

L'élection passée, il ne fallut pas attendre une minute pour voir qui avait gagné. Se réunirent au Fouquet's, haut lieu symbole de la jet-set et du business qui veut en jeter, les vrais vainqueurs. Non pas les pauvres bougres qui chantaient « on a gagné, on a gagné » sur une place de la Concorde où on les laissa mariner entre eux pendant plusieurs plombes, mais les vrais vainqueurs opulents, les triomphateurs de l'ombre, avec qui il convenait de partager le triomphe en ses premiers moments, avant que d'aller sacrifier quelques minutes à la plèbe, et de partir prendre soleil sur le yacht de l'un d'entre eux.

Ainsi, au soleil, sur le pont luxueux, se prépara l'inauguration du règne, que l'on avait promis de méditer dans l'ombre du couvent.

L'installation accomplie, il ne fallut pas plus de quelques jours pour qu'en espèces sonnantes et trébuchantes tombe dans les escarcelles adéquates le premier dû : des milliards d'avantages fiscaux à destination – le croirait-on ! – des plus riches des Français.

Pendant ce temps, les classes moyennes et laborieuses, les retraités se trouvaient lourdement taxés de prélèvements supplémentaires.

---

1. Il fallut l'audace de la petite dernière, chaîne de la TNT, BFM alliée avec RMC, sous l'impulsion d'un entrepreneur décidé, M. Alain Weil, pour résister aux ukases auxquels tous les autres avaient cédé.

Avantages aux avantagés, charges nouvelles aux autres.

Mais ce n'était là que cadeaux de noces. Le plus important allait venir. Et comme toujours, le plus important après les sous, c'était l'idéologie. Le modèle qui triomphait dans l'Amérique de Bush et que Sarkozy avait décidé d'imposer en France.

Un jour, je crois que c'était devant les Français de New York, Nicolas Sarkozy a prononcé l'essentiel de sa profession de foi : « Le but de ma politique est que vous ne soyez plus dépaysés quand vous viendrez en France. » Il faisait alors un motif de fierté d'être « Sarkozy l'Américain ». Je me souviens d'avoir pensé que le but de ma politique, au contraire, était qu'ils soient dépaysés quand ils viendraient en France, découvrant un pays qui vit selon des choix et des valeurs de société radicalement différents de ceux que le peuple américain a subis depuis les dernières décennies, et que nous espérons tous voir Barack Obama réussir à changer. Qui vit selon ses propres valeurs, quitte à dépayser le visiteur. Surtout qu'il soit dépaysé !

Il est une idéologie de l'argent, présenté comme valeur. Une idéologie de la généralisation de la loi du profit. De l'extension aux services publics des normes du marché, de la concurrence. Il est une idéologie souterraine de la *distraction* du citoyen, à coup de *peopolisation*, pour que, surtout, il ne puisse s'intéresser à la réalité des décisions que l'on prend en son nom. Il est une idéologie de la prééminence du capital. Il est une idéologie de l'extension indéfinie des normes de la globalisation. Il est une idéologie qui hausse les épaules sur notre modèle de société, le présentant à qui veut entendre comme ringard, provincial, conservateur.

Cette politique qui s'attaque à tous les domaines de la vie nationale, éducation, recherche, justice, que l'on nous vend sous le nom générique et obsessionnel de « réforme », ce n'est pas une modernisation, c'est une abrogation.

Pour cette abrogation, pour ce renoncement, Nicolas Sarkozy n'a pas de mandat. Le peuple français n'a jamais opté pour les choix qui depuis dix-huit mois, ouvertement ou subrepticement, sont faits en son nom. Ce qu'on lui a dit, c'est que tout allait « devenir possible ». Pas « tout est impossible », impossible l'égalité, impossible la fraternité, impossible le droit qui fait la liberté, impossible l'indépendance. On lui a dit exactement le contraire à coups répétés de dictionnaire de citations, toutes plus républicaines les unes que les autres, pour ne pas dire socialistes, quasi révolutionnaires.

C'est un abus de pouvoir, un abus de position dominante. L'exercice du pouvoir considéré comme n'ayant pas de borne, pas de limite, pas même celle de la loi, surtout pas celle des principes. Tous les pouvoirs sont concernés, pouvoirs politiques, exécutif tout-puissant, jouissant à chaque instant de recourir à l'arbitraire, puisque, pour ceux-là, l'arbitraire est jouissance, gouvernement effacé, méprisé, mis sur la touche, législatif dompté, pouvoir judiciaire tenu, désespéré mais silencieux, pouvoir médiatique de plus en plus concentré entre des mains amies, pouvoir financier et économique organisé en réseaux. Les « proches », les « amis », les « frères » du puissant, installés à tous les postes clés.

Cette mainmise, cette opacité sont une offense à ce que nous avons de plus précieux. Au fond, si j'ai engagé ma vie, et la vie de tant de citoyens qui m'ont suivi, c'est au nom du jeune homme que j'ai été, et de toutes les filles et de tous les garçons, de toutes les générations qui lui ressemblent. Tous ceux qui, à vingt ans, un peu plus tôt, un peu plus tard, ont eu envie de façonner le monde : non pas de le subir, non pas de s'en accommoder, mais de le changer, de le dessiner, de le bâtir. D'être à leur tour, après d'autres, bâtisseurs, de leur pays et de leur temps. Il y en a, beaucoup. Il y en aura, j'espère. Ceux-là, regardez-les bien, ils sont ceux que nous cherchions, dans toutes les classes, dans toutes les écoles, chaque fois que nous avons voulu faire éducation civique. Profs, et parents, et grands frères, grandes sœurs, chaque fois que nous en avons appelé à la citoyenneté, c'est eux que nous cherchions. C'est à ces garçons et à ces filles que je pense, c'est en leur nom que je me porte au combat.

Ils sont, avec le rire aux lèvres, en leurs premières manifestations, leurs premières heures passées sur internet à essayer de comprendre, ou leurs premiers engagements, leur naïveté parfois – il en faut ! –, leur don qui veut se donner, ils sont toute la République et toute la Démocratie, avec leurs majuscules. Or, nous avons un contrat avec eux. Et ce contrat, c'est qu'ils aient moyen de comprendre ce qu'on décide en leur nom. La démocratie, c'est quand les cartes sont sur la table, pour que tout un chacun, citoyen ordinaire, curieux, avisé ou distrait, s'il le veut, s'il le peut, se voie mis en situation de comprendre où on le mène et pourquoi on l'y mène. Voilà le contrat, il est de rectitude et de loyauté. Après, on peut s'accorder ou se désaccorder, mais rien n'est dissimulé.

C'est à ce contrat que l'on manque aujourd'hui. Les cartes ne sont jamais sur la table, elles sont sous la table. Il n'est pas une fille, pas un garçon – c'est à eux que je pense, c'est en leur nom que je parle, mes sœurs et mes petits frères –, et pas davantage un retraité, pas un actif responsable, qui puisse démêler l'obscur réseau de raisons et d'intérêts qui se déploie dans la politique aujourd'hui conduite en France. Je viens d'écrire « aujourd'hui ». Je voudrais bien que tout cela ne soit que pour aujourd'hui. Mais en vérité, dans la plupart des décisions prises, ce n'est pas aujourd'hui qui est en jeu, c'est du longtemps, et sans doute le pouvoir voudrait-il que ce fût du toujours. Personne ne peut démêler l'écheveau. Tu viens de la campagne, tu viens de la banlieue, tu as assisté à tes cours, soigneusement appris tes polycopiés, tu crois le monde lisible et il y a en toi une allégresse d'y engager ton destin. Mais c'est un faux-semblant. C'est un village Potemkine, mon pote, comme les villes en carton-pâte qu'édifiait à l'intention de Catherine impératrice de toutes les Russies son maréchal favori, afin qu'elle croie, parcourant la Russie de son bateau, que ses rêves se réalisaient.

En vérité, dans la France d'aujourd'hui, tout est opaque, non-dit, et seuls les initiés en savent assez pour y jouer un rôle, un vrai rôle. Jamais démocratie ne porta si mal son nom. Jamais République ne fut moins publique. C'est avec tout cela qu'on vous abuse. Et voilà vos ennemis. Et voilà les miens. J'ai juré de ne rien lâcher, en votre nom, quelles que soient les opinions que vous défendez. Je m'en fiche, des opinions. Il est bon qu'elles soient diverses. Mais je veux qu'on ne vous mente pas. D'abord, qu'on ne vous mente plus.

Et c'est pourquoi il importe d'abord de dire non. Surtout de ne pas se laisser égarer dans les détails. Nous plantons les pilotis de la résistance nécessaire. Comme chaque fois que j'emploie le mot « résistance », il y a comme du procès dans l'air. « Résistance, vraiment, croyez-vous, disent les bouches en cul de poule, croyez-vous qu'on en soit là ? » Oui, on en est là. Oh, ce n'est pas la dictature franche que nous avons en face de nous. Non, c'est seulement la privation de notre capacité de citoyens. C'est seulement des gens qui décident à notre place sans que nous ayons la moindre idée de ce qu'ils décident, des connivences qui les unissent et des intérêts qu'ils défendent. C'est cela qui appelle la résistance des citoyens.

Et nous n'avons pas beaucoup d'armes pour résister. Les grands médias, les médias de masse comme on dit, *mass media*, appartiennent à des puissances qui ne voient pas d'un bon œil le dévoilement de ces choses. Mais c'est pire que cela. C'est plus profond encore. S'il est une chose que le pouvoir a comprise, c'est la logique médiatique. Il suffit de tuer l'information par l'information. Trop d'information anesthésie l'information. Le missile qui vise l'avion de chasse ne sait plus où donner de la tête chercheuse quand on lui envoie des leurres. Le journaliste non plus. Le rédacteur en chef encore moins. Alors on organise le *zapping* démocratique. Trois annonces par jour, deux discours, dix images, et le plus récent efface le précédent. Et le journaliste, l'auditeur, le citoyen, tous trois sont saoulés, tourneboulés. C'est le but qu'on voulait atteindre. Il est atteint. C'est ce que nous vivons tous les jours, depuis deux ans, en vérité depuis sept ans. Le jour viendra, je le crois, où des défenses s'édifieront contre ce « leurrisme » soigneusement mis en scène et organisé. Le jour viendra où se constituera un journalisme de défense, qui saisira un objet et ne le lâchera pas, constituera des dossiers, donnera à comprendre, en profondeur, en prenant son temps, sur du papier, concentrera l'attention sur l'essentiel pour éviter la dispersion. Ce jour-là, je le crois, la crise de la presse sera conjurée puisqu'elle permettra de mettre de l'ordre dans le désordre. En attendant, nous travaillons en archipel.

Internet est propice à cet archipel des résistances, familles, amis, tous ceux qui se découvrent rebelles au gavage qu'on leur impose, aux sondages qu'on leur assène, savamment concoctés, pour leur faire croire que tout va bien, eux qui savent que tout leur échappe et que tout est organisé pour qu'ils ne puissent plus rien saisir de leur propre destin.

C'est un archipel de résistance, de conscience, de mauvaise volonté à plier, d'obstination civique. Des gens, de simples gens, comme nous sommes tous, qui veulent que les mots retrouvent du sens, qu'on les pèse, qu'ils soient équilibrés par leur poids de réalité. De réalité, mon pote, pas de leurre.

Et c'est le pari que je prends : c'est cet archipel de résistances qui va gagner. Et quand ils auront gagné, et nous avec eux, avec des idées frugales, avec des actes mesurés, de poids, bien sûr le monde ne sera pas meilleur d'un seul coup de baguette magique. Bien sûr, ils savent que « tout ne deviendra pas possible ». On leur a fait ce coup-là, déjà, et souvent, et en majuscules, la dernière fois. Mais ils sauront au moins qu'on ne leur racontera pas d'histoires, et qu'il n'y aura pas d'affaires derrière le rideau.

Tout ne sera pas réglé. Mais au moins, enfin, pourront-ils respirer. Les filles et les garçons, et les adultes d'où qu'ils viennent, respirer et enfin comprendre quelque chose au grand jeu de leur pays, de leur vie et de la nôtre.

Chapitre I

D'homme à homme

Ce combat n'est pas affaire de personnes. Il n'est pas affaire d'étiquettes politiques, de rivalité de pouvoir. C'est bien plus profond. Cela touche aux piliers de notre maison commune.

Je sais bien que les entreprises politiques ne valent que par les personnalités qui les portent. Sans ce candidat pour la porter, peut-être même pour la concevoir, une telle entreprise, aussi étrangère à la vocation de la France, n'aurait eu aucune chance.

Il fallait une singulière énergie, de puissants réseaux, une forte capacité de rhéteur pour parvenir à emporter les préventions que, naturellement, notre pays nourrit contre l'idéologie qui a finalement triomphé.

Tout se tient, l'homme, sa volonté de puissance, le projet auquel il a adhéré, dont il s'est fait l'instrument.

Il est donc juste que je m'explique de mes relations avec l'actuel président de la République.

Hostis *vs* inimicus

Je sais bien que l'on me prête une antipathie fondamentale à l'égard de Nicolas Sarkozy. C'est inévitable, j'imagine, quand en politique on entre dans une confrontation de long terme et de grande conséquence. Mais autant qu'on puisse ne pas se tromper soi-même, j'affirme qu'aucun sentiment de cet ordre ne m'a jamais habité à son égard. Je n'en ai jamais voulu à Nicolas Sarkozy, au sens d'un homme en voulant personnellement à un autre homme. Je n'ai jamais eu de contentieux avec lui, d'aucune nature. Même lorsqu'il lui est arrivé de me faire des mauvais coups[1]. Même lorsqu'il a détourné les élus de ma famille politique pour les satelliser autour de lui. Je peux concevoir que c'est, comme on dit, le « jeu », en tout cas ce que certains considèrent comme le jeu. Et s'il existe une responsabilité, ce n'est pas à lui que je l'impute, mais à la faiblesse des faibles. Nulle trace de rancœur. En latin, il y a deux mots pour traduire « ennemi ». Le premier, c'est *inimicus*, l'ennemi intime, personnel, qu'on ne peut pas voir en peinture, qu'on rêverait de voir disparaître de la surface de la Terre. Le deuxième mot, c'est *hostis*, celui à qui on fait la guerre, quand il y a une guerre, de cité à cité, Rome contre Carthage, Athènes contre Sparte. J'accepte *hostis*. Mais rien d'*inimicus*. Rien de personnel. Ni en bien, ni en mal. Je compte sur les doigts de la main les déjeuners non officiels que nous avons partagés en vingt ans, et je ne me souviens pas d'avoir jamais dîné avec lui.

Enfances

Je l'ai rencontré au début des années 90. J'étais alors le jeune secrétaire général de l'UDF, que présidait Gis-

---

1. Et quelque chose me dit que ce n'est pas fini…

card. Il était le féal de Jacques Chirac. J'avais été un des acteurs d'une aventure politique originale, fort bien commencée et très mal finie, qu'on avait appelée « les Rénovateurs ». Il y avait là tout ce que l'opposition de l'époque s'imaginait de jeunes talents. François Mitterrand venait d'être réélu président de la République, et s'était arrangé pour avoir une majorité réduite, c'est-à-dire à sa main.

« Les Rénovateurs », ce fut, pendant quelques jours, une révolte des « cadets » contre leurs écrasants aînés, Giscard et Chirac, dont on avait l'impression que la vindicte personnelle, jamais achevée, plombait les générations. Il y eut palabres et contacts secrets, au terme desquels se réunirent une pléiade d'entreprenants jeunes gens, les Millon, Noir, Carignon, Philippe Séguin, François Fillon déjà, j'avais entraîné avec moi Baudis et Bosson, et ensemble nous constituions les « trois B », comme on disait, « espoirs du centrisme français »... Victor Hugo le dit dans *Les Contemplations* : « Toutes ces choses sont passées comme l'ombre et comme le vent. » Ce fut un incroyable feu médiatique, course-poursuite avec des myriades de caméras, succès populaire, et au bout du compte on découvrit que si feu il y avait, c'était feu de paille. Un krach : 1929 en 1989.

Devant la France enamourée, nous avions lancé un défi public. Dominique Baudis, dont la télé avait été le métier, était allé, en notre nom, au Vingt Heures de TF1 inviter VGE à « transmettre le flambeau ». Nous avions jeté le gant. Nous étions impatients du combat. Et en une nuit, tout capota : le dimanche soir, nous avions gagné, le lundi matin nous avions renoncé. Je n'ai jamais su pourquoi. Quelque chose était intervenu dans la nuit qui avait convaincu ces conjurés ardents que c'était la fin de la récréation. Toujours est-il que les gaules furent pliées, le gant remis dans notre poche, avec notre mouchoir par-dessus. C'était fini, et pour moi, en mon for intérieur, c'était cuisant. Jamais « cadets » n'eurent autant de cartes entre les mains, jamais ils ne reçurent support plus généreux de la part de tous les médias enthousiasmés, jamais ils ne les jouèrent si mal, jamais gâchis ne valut celui-là...

Ce fut pour moi une sévère leçon. Je compris deux choses en un seul événement. Ne jamais s'engager, si l'on peut, avec des gens qui ne sont pas sûrs d'aller jusqu'au bout. Et ne jamais s'engager, si l'on peut, si l'on n'est pas sûr de penser la même chose que ses compagnons d'armes. Car j'avais découvert, en quelques jours, chemin faisant, que l'idée de mes co-comploteurs n'était pas la même que la mienne. Je compris que leur suprême espoir et leur suprême pensée étaient de faire un parti unique de la droite, alors que mon espoir était de faire un parti nouveau contre une certaine idée de la droite conservatrice.

Toujours à mon idée de créer une alternative au RPR de l'époque, j'acceptai bien imprudemment de diriger quelques semaines après la campagne européenne de Simone Veil. Je fis de mon mieux, avec affection et engagement de toutes les heures. J'étais heureux et je croyais que Simone Veil, avec son regard vert et son histoire, pourrait être la première femme présidente de la République. J'appris longtemps après qu'elle m'avait fait porter la responsabilité de son (relatif) échec, m'accusant d'avoir fait œuvre de défaitisme en avertissant que les résultats ne seraient peut-être pas à la hauteur des sondages triomphants. Et, entre autres crimes, d'avoir choisi d'elle une mauvaise photo.

J'aurais donc mieux fait de faire comme les autres, tous ceux qu'elle avait sollicités et qui s'étaient défilés, et de m'abstenir, tant il y avait d'ambiguïtés dans cette équipée.

Mais Giscard, lui, œil de faucon, avait repéré le jeune homme un peu rebelle que j'étais. En septembre, il m'invita à venir le voir, moi qui n'avais jamais réellement eu de conversation avec lui, pour me proposer de devenir son bras droit, secrétaire général de l'UDF dont il était le président

J'ai assumé cette périlleuse mission cinq ans, avec beaucoup de bonheur et ce qu'il fallait d'humour, d'affection et de distance. J'ai beaucoup aimé cet homme, comme il est, non pas comme on voudrait qu'il soit, avec ses limites, sachant bien que nous en avons tous, et donc lui aussi qui était pourtant né pour n'en avoir point. Une légende souvent reprise raconte que la mère de Giscard, recevant le nouveau-né dans ses bras à la minute de sa naissance et le trouvant unique, s'exclama : « Il sera président de la République. » Je suis bien sûr qu'il s'agit d'une légende. Car en 1926, année de l'avènement de ce nourrisson béni des dieux, le président de la République s'appelait Gaston Doumergue, bonhomme et provincial, dont René Viviani disait drôlement : « Dans une démocratie bien organisée, Gaston Doumergue serait juge de paix en province. » Et je suis bien certain que parmi les destins que pouvait rêver pour le nouveau-né sa mère émerveillée de 25 ans, il n'y avait pas celui de Gaston Doumergue. Mais ainsi va la légende qui prête aux contemporains la lucidité, et même l'extralucidité, de l'historien.

Si quelqu'un était né pour être président, non pas de la troisième, ni de la quatrième, mais de la cinquième République, par l'acuité de l'intelligence, par l'aisance à manier les idées et les mots, par la faculté à simplifier le complexe à l'usage des simples mortels que nous sommes, et jusque par la stature physique, Valéry Giscard d'Estaing était celui-là. Il est devenu président. Il n'a pas pu le rester. Il n'a pas vu que ces institutions, s'il les laissait demeurer bipolaires, obligeant à être d'un côté *ou* de l'autre, allaient broyer l'homme de nuances qu'il ne pouvait s'empêcher d'être. Et qu'il ait eu raison avant bien d'autres sur la modernité de la société française, sur la nécessité de l'Europe, sur l'avancée décisive que devait représenter pour sa démocratisation l'élection d'un parlement au suffrage universel, sur la perspective de son économie unifiée et un jour d'une monnaie unique, tout ce qui était juste dans ses choix n'a pas pesé lourd face aux assauts venus de sa droite et de sa gauche. Il aurait suffi qu'il fasse le choix déterminé – et simple – d'institutions qui favorisent le pluralisme organisé, comme en Allemagne par exemple, ou comme dans tous les autres pays d'Europe continentale sans exception, et l'affaire était entendue : il serait demeuré président, ou le serait redevenu, en tout cas son courant recentré aurait durablement marqué les décennies suivant son élection.

Toujours est-il qu'en ces années 90 naissantes, je suis le jeune secrétaire général de l'UDF toujours dominée par l'écrasante personnalité de son fondateur contesté, mais à voix basse, par les autres barons. Il faut beaucoup d'efforts, et quelque savoir-faire, pour faire tenir tout cela ensemble. Alain Juppé est alors mon homologue, secrétaire général du RPR chiraquien.

Pour beaucoup de gens, Juppé est agaçant. Pour moi, il m'intéresse, introverti, extraverti, cassant, émouvant, voulant s'enfuir loin de l'univers politique qu'il sait médiocre, tentation de Venise, et aussitôt parti rêvant d'y revenir, tentation de Paris. Nous nous sommes souvent affrontés, mais, je crois, toujours appréciés. On m'a beaucoup reproché de l'avoir soutenu à Bordeaux, sans avoir exigé en échange que l'UMP me soutienne à Pau[1]. C'est que je ne voulais pas du soutien de l'UMP, mais que je pensais qu'Alain Juppé méritait le mien, étant un bon maire de Bordeaux, et un homme d'envergure, estimable, encore que souvent insupportable. Ça tombe d'ailleurs bien : insupportable, je le suis aussi. Cela vient probablement de nos racines communes. Nous sommes tous deux gascons, lui landais, moi béarnais. Nous avons tous deux fait nos classes dans les humanités. Et il y avait des Juppé à Bordères. Et puis, c'est comme ça : nous avons nos goûts et nos couleurs...

Donc RPR et UDF, les deux formations se « tirent la bourre » allégrement sous l'inspiration juvénile de leurs chefs. Par moments, nous avons du mal, Juppé et moi, à nous empêcher de rire de leur guerre. Un jour où ils avaient à communiquer à l'opinion publique, qui s'en moquait comme de sa première chemise, un texte commun, d'ailleurs de fort peu d'importance, mais dont aucun des deux ne voulait concéder à l'autre le privilège de la paternité, ils choisirent de lire au micro une phrase chacun, l'un après l'autre et l'autre après l'un, genre déclamatoire inusité depuis quelque deux mille ans et qu'on dénommait dans l'antiquité *chants amébées*. Ainsi dans Théocrite ou

____

1. À l'usage des jeunes générations : cette phrase est un *euphémisme...*

dans Virgile les bergers échangeaient-ils des déclarations d'amour bucoliques. Nos bergers à nous manquaient singulièrement de sens, tout au moins de sens du ridicule, car nous ne parvînmes jamais à les en faire démordre...

Tout cela finit mal, comme on sait, en tout cas à mes yeux. Remarque en passant : on ne pouvait imaginer d'autre fin que cataclysmique, puisque l'idée directrice de l'époque, idée à coup sûr mortelle pour l'un des deux joueurs, était qu'il s'agissait en cet affrontement d'une seule et unique famille politique, « la droite », ou si l'on veut « la-droite-et-le-centre-droit », artificiellement désunie par la concurrence de deux fauves, mais promise le jour où la raison reviendrait à des retrouvailles définitives. Il fallait donc nécessairement que l'un des deux l'emportât et que l'autre disparût : le vainqueur fut Jacques Chirac, et dès lors les digues cédèrent et le troupeau se rangea tout entier (ou presque) derrière lui...

Ai-je besoin d'ajouter que je n'ai jamais cru qu'il n'y eût là qu'une seule famille ? J'ai toujours pensé, au contraire, que l'équilibre de la vie politique française se trouverait mieux le jour où serait accepté le pluralisme, c'est-à-dire la différence. En particulier pour ceux qui utilisent le mot de « centre » (Giscard fut de ceux-là), si le mot a un sens, c'est que le centre est différent de la droite autant qu'il est différent de la gauche. Autrement, il n'est pas centre. J'ai donc toujours cru que l'existence même de ce courant politique dont mon ami Jean-Claude Casanova dit en souriant qu'il fut créé par Pascal, Blaise, autre Auvergnat notoire, impose le choix de l'indépendance, de la concurrence assumée avec les autres courants politiques. Ainsi le pays peut-il échapper à la fatalité bipolaire qui livre inéluctablement le pays aux noyaux durs des deux partis, lui faisant commettre erreur sur erreur… Entre Charybde et Scylla, allez choisir…

Nous constatons bien, cependant, que cette obsession de la bagarre chez Giscard et Chirac faisait courir quelque risque à l'ensemble que nous prétendions former.

C'est alors que naquit l'idée d'une structure de réflexion, consacrée au programme, qui ferait lien, que l'on créa et intitula : États Généraux de l'opposition. La perspective était favorable. Les législatives de 1993 approchaient et le parti socialiste alors au pouvoir se voyait promettre la pire dégelée de son histoire. Alain Madelin en avait sans doute eu l'idée, mû par la volonté de marquer de ses certitudes libérales l'alternance qui venait. Nicolas Sarkozy (nous y voilà…) fut désigné par Jacques Chirac pour être son pendant. Marielle de Sarnez dirigeait tout cela d'une main ferme et sûre et, sans doute en raison de son autorité, l'entreprise eut un grand succès. Alors qu'on paraissait se disputer ailleurs, là semblaient régner l'harmonie et la musique des sphères.

Je vis donc pour la première fois fonctionner Nicolas Sarkozy. Il était, il faut l'en créditer, complètement indifférent au débat programmatique, aux idées et aux théories dans lesquelles Alain Madelin trouvait son bonheur. Lui, visiblement, pensait que tout cela n'avait en vérité pas grande importance. Je lisais dans cette indifférence un héritage typiquement chiraquien. Aux uns, les débats d'idées ; aux autres, la réalité du pouvoir. En revanche, il était passionné de communication et d'organisation, totalement habité par la frénésie d'en faire toujours plus. Toujours une réunion supplémentaire, toujours une affiche ou un tract de plus, toujours confiés à Thierry Saussez, toujours bronzé… Je pensais que cette frénésie trouverait un jour son terme, en même temps que la maturité viendrait à ce garçon. Visiblement, je me trompais.

Pour le reste, nul antagonisme. Nicolas Sarkozy recherchait avec assiduité les bonnes grâces d'Alain Juppé. La jeune femme qui l'accompagnait était mystérieuse et belle. Je voyais dans ce geyser d'activité un clone jeune de Chirac, entièrement investi dans l'agitation et prenant la réflexion pour l'amusement des zozos. J'avais encore à l'esprit ce qui était pour moi une des scènes primitives du chiraquisme. Un jour de négociations, sur l'Europe, Chirac essayait de convaincre l'UDF de refaire avec lui liste unique, après le traumatisme de 81, dont le RPR avait pris la responsabilité, et quelques années à peine après le « parti de l'étranger ». Pierre Méhaignerie était à la tête du CDS de l'époque et plaidait l'incompatibilité des idées : « Nous ne pouvons pas faire liste commune avec toi puisque sur l'Europe nous pensons radicalement le contraire. » Jacques Chirac alors déploya sa haute taille et grandiose lui répondit : « Sur l'Europe, aucune différence ! La preuve : voilà la feuille sur laquelle tu écriras le programme, je la signe à l'avance ! » Et sur le document vierge, il apposa un superbe paraphe. C'est dire l'importance que Jacques Chirac attachait aux programmes. Ainsi, j'imaginais Sarkozy, signant volontiers des chèques en blanc, pourvu que le chèque ne concerne que les idées.

Il y a là pour moi un mystère. À quel moment le jeune homme totalement indifférent aux idées que j'ai croisé au début des années 90 a-t-il basculé du côté d'un projet aussi fortement marqué d'idéologie inavouée ?

Quelques mois après, nous étions au gouvernement ensemble, lui au Budget, moi à l'Éducation nationale. Nous n'avions aucun désaccord, même technique, situation rare pour deux ministres aussi ouvertement en contradiction que le sont habituellement l'Éducation qui demande des postes et le Budget qui les refuse. C'est que l'élection présidentielle approchait et qu'il convenait pour les partisans d'Édouard Balladur de ne se fâcher avec aucun de leurs soutiens potentiels. Or j'étais un des candidats possibles à la direction du CDS, le mouvement centriste de l'époque.

Pour rejoindre Édouard Balladur, Sarkozy avait quitté Jacques Chirac dont il avait été pendant des années le bras droit de tous les instants et l'homme de confiance. Celui-ci en était blessé, profondément. Et il répétait à qui voulait l'entendre : « Sarkozy dit que je n'ai pas de mémoire, que je suis incapable de rancune. Cette fois, il va se tromper. Je ne lui pardonnerai pas. Car il s'est immiscé dans mon intimité. »

Dans l'entourage d'Édouard Balladur, c'étaient les deux Nicolas, Sarkozy et Bazire, qui menaient le bal. À ma courte honte, je dois avouer qu'absorbé par l'Éducation et par mon parti, je n'avais rien compris au jeu qui était en train de se jouer. Et pour tout dire, j'étais à mille lieues des préoccupations de cet entourage. Pour moi, l'élection de Balladur était tout sauf acquise, je voyais l'opinion s'éloigner de lui à grands pas et j'en concluais que nous allions perdre. Je l'avais dit très tôt à Nicolas Sarkozy et à François Léotard qui apparaissaient comme deux piliers de sa campagne. Car bien plus que les sondages qui fléchissaient, je voyais glisser l'opinion que je connais le mieux, mes compatriotes des Pyrénées, de mon village ou de Pau, dont je sentais presque physiquement l'incompréhension et la réprobation. Au contraire, les milieux parisiens étaient persuadés que c'était fait, Balladur était élu. Pour eux, la question était donc de préparer la suite à laquelle, pour moi, je ne pensais même pas. Je comprends, avec le recul du temps, que Nicolas Sarkozy se voyait Premier ministre d'un président Balladur nouvellement élu et que tout l'objet de son action était de réduire à néant toute autre perspective. En particulier, il fallait ruiner la possibilité qu'Alain Juppé, à l'époque brillant ministre des Affaires étrangères et figure de proue du courant chiraquien, puisse figurer un possible recours pour rassembler après le scrutin une majorité divisée. C'est dire quelle devait être auprès d'eux ma réputation lorsque me croyant utile, et amical, je transmettais à Édouard Balladur les messages discrets provenant d'Alain Juppé. Le climat était tel qu'à la table d'Édouard Balladur, entre responsables de premier plan de sa campagne, on en était venu à ne plus appeler Juppé que « Juppette ». Et cela me stupéfiait parce que je ne voyais pas, dans cette ambiance, comment on pouvait espérer un deuxième tour rassembleur...

On voit que tout à mon souci du combat principal, complètement extérieur au clan qui s'était formé, je n'avais rien compris de l'affrontement sans pitié qui divisait la cour du futur élu pour se partager à l'avance les dépouilles du pouvoir. Déjà, j'étais à des années-lumière de cette tribu. Ils étaient sûrs de gagner. J'étais sûr que nous allions perdre. J'imagine que cela ne me mettait pas en odeur de sainteté : personne n'est indulgent avec les mauvais augures.

Pour tout dire, je n'avais jamais regardé Sarkozy comme un rival. Son côté carnassier était transparent, mais ce n'était pas fait pour me troubler. Il est vrai que j'avais ressenti un malaise, venu d'un rien, d'une image entrevue en un éclair, mais dont je garde encore aujourd'hui un souvenir troublé. Nous avions programmé une journée de campagne, trois bretteurs, Sarkozy, Léotard et moi, en Dordogne. Xavier Darcos, élu de Périgueux, était alors mon directeur de cabinet au ministère de l'Éducation. Le thème choisi pour le déplacement, c'était les exclus. Au déjeuner, adrénaline aidant sans doute, nous avions ri comme des collégiens avec les journalistes présents, rivalisant de bons mots et j'imagine de phrases vaches, comme si la situation de notre candidat n'était pas assez grave et le sujet du déplacement assez préoccupant. Le tout remplit une pleine page du *Canard enchaîné*, et c'était bien fait.

Mais de cette séquence, Sarkozy n'était ni plus ni moins responsable que nous autres. En revanche, quelque chose accrocha mon regard, quelque chose qui me laissa comme un frisson glacé. Ce n'était rien, à peine une fausse note, à peine une fêlure. Puisqu'il s'agissait de disserter sur les « exclus », on nous avait ménagé un entretien avec celles ou ceux qui relevaient, j'imagine pour la préfecture ou pour les services officiels, de cette catégorie. Nicolas Sarkozy s'était installé à l'avant-garde de notre délégation. On fit s'avancer nos interlocuteurs. La première d'entre eux était une très jeune femme, elle avait peut-être 22 ou 23 ans, intimidée comme on imagine par les importants importuns qu'on l'obligeait à rencontrer, et plus encore par les caméras de télévision et les journalistes qui braquaient sur l'événement leur regard d'oiseau de proie. Je me souviens qu'à son visage, qu'à sa bouche de jeune fille, il manquait trois dents, et derrière son visage, je voyais mes filles, et j'avais la gorge serrée. Les micros se tendaient, elle balbutiait sans doute pour demander ce qu'on pouvait faire pour elle. Alors Nicolas Sarkozy se lança pour la déclaration destinée au journal de Vingt Heures et il commença par ces trois mots : « Vous, les exclus… » Je vis en une seconde passer un tsunami de désarroi dans les yeux écarquillés de la jeune fille. Elle avait pensé bien des choses d'elle-même au travers de ses jeunes années, elle savait bien qu'elle galérait, elle savait bien qu'elle en bavait, mais elle n'avait jamais pensé à elle, jeune femme, avec son histoire, sous ce terme de catégorie au pluriel, « exclus », classée, bouclée. Elle était qui elle était, mais ce « vous, les exclus » la frappait comme une balle lui révélant d'un coup de quels yeux, devant tous ces gens, le monde extérieur la regardait, et, en fait, à quel univers de bannis elle appartenait. On peut dire, bien sûr, « vous, les artisans », on peut dire « vous, les paysans » ; quand on s'adresse aux élus ils se fâchent en entendant « vous, les politiques » ; personne n'accepterait qu'on dise « vous, les riches ». Mais on ne peut pas dire « vous, les exclus ». Comme on ne peut pas dire à quelqu'un qui vous regarde du fond de sa maladie « vous, les cancéreux ».

On dira que c'est bien du tintouin pour pas grand-chose. C'est vrai sans doute. Je n'ai jamais parlé de cette scène avec ceux qui l'ont vécue et qui n'en ont sans doute pas gardé le moindre souvenir. C'est ainsi que se fixent en nous des impressions, fugaces, des instantanés, dont nous ne pouvons nous défaire ensuite… « Vous, les exclus » m'a poursuivi pendant longtemps, comme une ombre de remords.

Après l'élection de Jacques Chirac, Nicolas Sarkozy connut une courte, mais dure, traversée du désert. Il y eut une scène que j'ai trouvée odieuse, où il a été pris à partie par les troupes du RPR, méchamment, avec ces invectives, ces rictus que nous connaissons bien, qui sont la marque des foules déchaînées. On a même raconté que de la meute jaillirent des crachats. Il a fait front, avec cran, et je lui ai reconnu ce cran. En même temps que député, il était redevenu avocat, fréquentait d'autres milieux, envisageait d'autres enjeux. Il sut à nouveau s'imposer en Chiraquie. Sur l'intervention de Villepin, dit-on, Jacques Chirac avait levé son ukase à son encontre. Pour moi, j'étais entré dans une autre étape de ma vie politique, au fur et à mesure que le monde changeait. D'abord réservé, puis réticent, puis franchement opposé à une droite verrouillée en parti unique, au fur et à mesure que se déroulait, mi-tragédie, mi-comédie en teintes grises, sous une lumière crépusculaire, la fin de ces douze années.

L'inéluctable

À partir de 2002, après la « divine surprise » du second tour contre Le Pen, Nicolas Sarkozy a retrouvé son rang gouvernemental. Ministre de l'Intérieur de Jacques Chirac, puis de l'Économie, à nouveau ministre de l'Intérieur, président de son parti, il menait pourtant contre lui une guérilla interne chaque jour plus provocatrice, incompréhensible de la part d'un membre aussi important de l'équipe gouvernementale, et dont on avait l'impression qu'elle n'aurait pas de fin.

Même si cela ne me regardait en rien, du moins pas directement, j'ai à plusieurs reprises conseillé à Jacques Chirac de nommer Nicolas Sarkozy à Matignon. Je ne crois pas être le seul à l'avoir fait. Mais c'était un conseil de bonne foi. Il me semblait que s'il existait une hypothèque Sarkozy, il fallait avoir le courage de lever cette hypothèque en confrontant à la responsabilité de l'action celui qui était en réalité un virulent opposant interne. Là, en tout cas, l'opposition lui aurait été interdite. « Je n'en avais nul droit, puisqu'il faut parler net », comme dit l'âne dans *Les Animaux malades de la peste*. Peut-être Chirac, qui a le soupçon facile, et toutes les raisons de l'avoir, a-t-il cru, si je n'étais pas le seul à lui donner ce conseil, que je participais à un piège ou à un complot. En réalité, il n'y avait nulle tactique dans cette suggestion : il me semblait simplement que rien n'était plus absurde que de rester dans cette affaire assis entre deux chaises, et qu'il fallait en avoir le cœur net. J'étais persuadé, de surcroît, que Nicolas Sarkozy aurait fait un très bon Premier ministre, actif, cherchant réponse à tout, s'occupant du quotidien avec aisance et de l'administration avec savoir-faire. Il se serait mis en scène ? La belle affaire ! Comme s'il ne se mettait pas quotidiennement en scène Place Beauvau ou à Bercy...

En vérité, je crois que Jacques Chirac avait une idée bien précise de l'intimité nécessaire entre président et Premier ministre : il ne voulait pas assombrir la fin de son mandat par la présence quotidienne auprès de lui et à la tête du gouvernement de quelqu'un en qui il n'avait pas confiance, conviction nourrie sans doute par ses souvenirs de l'affrontement permanent entre Giscard président et lui-même Premier ministre. Je pense toujours qu'il a cependant commis une erreur.

2006 : Nicolas Sarkozy vient d'être élu à la tête de l'UMP, dans une mise en scène pharaonique. Il a choisi de venir passer le premier week-end qui suit cette élection dans la maison de Jacques Chancel dans les Pyrénées. La maison est à quelques lieues seulement de mon village. C'est la Bigorre voisine du Béarn. La journée est magnifique, soleil d'hiver, soleil blanc, lumière rasante, où se révèlent tous les détails des coteaux et du piémont. J'ai roulé vers la maison de Chancel en me disant combien j'avais de chance que la providence m'ait offert ce pays pour y vivre. Après le déjeuner, les convives se retirent pour nous laisser au tête-à-tête dont cette rencontre était le but. Nicolas Sarkozy me joue alors le numéro le plus rodé de son répertoire de l'époque. « Maintenant, pour succéder à Chirac, il n'y a plus que nous deux : les socialistes n'ont personne. Simplement, nous ne pouvons pas nous permettre d'attendre (je pense qu'il craint en réalité que Chirac ne se représente). Je te propose donc une alliance. Chirac est vieux. Nous, nous sommes jeunes. L'un avec l'autre, nous allons l'user, le démoder en quelques mois. Et puis après nous verrons qui de nous deux sera le mieux placé… » Ce qu'il y a de bien avec Sarkozy, c'est qu'il ne craint pas les grosses ficelles. Le cousu de fil blanc ne l'effraie pas, et pas davantage les coutures au câble de marine. Mais il pense toujours que qui ne tente rien n'a rien. Je lui ai donc répondu la chose la plus simple : « Je me suis souvent opposé à Chirac, depuis les premiers jours de ma vie politique, en fait. Pendant tout ce temps, toi, tu étais avec lui. Je ne me suis jamais reconnu dans sa manière de gouverner, sauf au moment de la guerre en Irak. Mais quant à faire de l'âge un argument contre lui, je ne mange pas de ce pain-là. Et plus profondément encore, je ne crois pas aux mêmes choses que toi. Nous ne ferons pas alliance. Et un jour, sans doute, nous serons l'un contre l'autre. » Pas découragé, il a plaidé, parce que c'est son métier, parce que c'est sa technique, et parce qu'il est opiniâtre. À ces trois titres, il peut être extraordinairement insistant. Mais quand j'ai pris une décision, de raison et plus encore d'instinct, je ne suis pas très influençable...

Après, nous nous sommes purement et simplement affrontés. De ma part, c'était sans recours et sans retour. Je n'ai jamais envisagé, à la différence de tant de mes amis, que je pourrais, après cette élection de 2007, gouverner avec un président nommé Nicolas Sarkozy. Je n'aimais pas son programme, bien sûr, même s'il y avait ici ou là, en matière économique par exemple, des choses avec lesquelles je n'étais pas en désaccord. Simplement, j'étais en opposition violente avec sa hiérarchie de valeurs, avec les choix profonds qui sont les siens, en politique et plus largement dans la vie. Spécialement, mon idée de la France et de la République entrait en confrontation violente avec la sienne. Je l'avais dit pendant la campagne : « Ce qui me sépare de Ségolène Royal, c'est son programme ; ce qui me sépare de Nicolas Sarkozy, ce sont ses valeurs. » Dans mon esprit, chacun le comprend bien, les valeurs, c'est plus grave que le programme. Le mot *valeurs* est d'ailleurs insuffisant, insatisfaisant. Il rend un son moralisateur qui m'agace moi-même lorsque je l'emploie. En fait, c'est beaucoup plus profond que ça, plus immédiat : j'ai parfois l'impression que tout ce que j'aime il le déteste, et tout ce qu'il aime m'insupporte. S'il y a des antipodes en fait de goût, nous sommes aux antipodes. Même si nous aimons la politique, tous les deux. Même si nous lui avons donné tous les deux une partie de notre vie : nous ne faisons pas les choses à moitié ; nous prenons des risques ; nous disons les choses ; nous allons au bout. Mais pour tout le reste, s'il y eut jamais contraires, nous le sommes : nos inclinations, nos goûts, nos couleurs, nos enracinements, nos passe-temps, tout ce qu'il y a de profond dans la vie et ne se dit pas dans les mots, nous éloigne l'un de l'autre et souvent, comme inéluctablement, nous pousse l'un contre l'autre.

Chapitre II

Références

« Rupture », c'était bien sûr une méchante pierre dans le jardin de Jacques Chirac, dont il fallait faire le bouc émissaire de la nécessité de changement. Sans cesse, Nicolas Sarkozy a cloué au pilori son prédécesseur, défini à plusieurs reprises comme un « roi fainéant », comme un Louis XVI décadent perdant son temps à réparer des serrures dans son atelier de Versailles.

Chacun jugera comme il veut un tel acharnement de la part de celui qui a fait sa carrière en proximité et même sous le patronage de celui qui était le leader du RPR. Politiquement, un tel acharnement est inédit. Même lorsque que le prédécesseur avait été pour le successeur un ennemi acharné, Giscard pour Mitterrand, par exemple, ou Mitterrand pour Chirac, celui-ci, au nom d'une certaine continuité républicaine, prenait garde à ne pas s'acharner sur lui. C'est la France qui est en question, d'une manière ou d'une autre, dans la personne de ceux qui ont eu la charge de la conduire et, d'une certaine manière, de l'incarner. En chacun de ceux qui ont assumé cette fonction, il n'y a pas eu seulement la responsabilité de décisions politiques qui ont concerné le pays, il y a eu de l'affectif, du rêve et des larmes, des images symboliques, de l'empathie de la part d'une fraction au moins du peuple des citoyens. Tous ont porté, en raison du caractère particulier de nos institutions, et du caractère initiatique de l'élection présidentielle, une part des espoirs, des attentes et de l'affection du pays.

Quel est le crime qui vaut à Jacques Chirac d'être humilié avec une si régulière obstination ? Surtout par un successeur de sa propre famille politique ? Surtout à l'égard de quelqu'un qu'on a fréquenté et dont on a chanté les mérites à longueur de discours ? Comme si souvent chez l'actuel président, on retrouve ici du psychanalytique.

On voit bien la stratégie : il s'agit de stigmatiser dans la personne de Jacques Chirac le symbole d'un certain immobilisme au pouvoir. Technique du bouc émissaire dont Nicolas Sarkozy a fait un des ressorts de sa pratique politique. Parce qu'elle permet à la fois de fournir à l'opinion un coupable idéal, d'autant plus idéal qu'il demeurera silencieux, et de se présenter par contraste comme le chevalier blanc de la cause qu'on veut illustrer. Le « volontarisme » sera d'autant mieux symbolisé devant l'opinion qu'il y aura une figure d'immobilisme offerte au mépris public.

Cela permettra aussi au passage de faire oublier que de toutes ces équipes d'immobilistes, Nicolas Sarkozy était membre, qu'il en constituait même, comme ministre chargé de tous les galons et de toutes les facilités du pouvoir, une figure éminente, et comme président du parti majoritaire un inspirateur à part entière.

Mais je crois qu'il y a une autre raison. Jacques Chirac a été à sa manière, sans le dire ou plus souvent sans l'exprimer clairement, un défenseur du modèle républicain français que Nicolas Sarkozy ne supporte pas. Il a assumé cette défense et cette protection parfois de manière hésitante (il a été tour à tour travailliste, libéral, national), mais toujours au moment des actes les plus significatifs, en particulier au moment des risques de crise qui menaçaient de fracturer la société française, il s'est fait le défenseur de son unité et de ses principes. Comme s'il assumait, en plus de sa responsabilité de garant des institutions, une sorte de responsabilité non écrite de garant de l'unité nationale. Le tout avec une sorte de dédain de l'expression orale et de la mise en scène, une sorte d'*à quoi bon*, qui le rendait difficilement lisible, et à dire vrai assez peu compréhensible, même pour qui l'observait avec attention.

D'une certaine manière, il y avait chez lui, après bien des bagarres et bien des manipulations, comme un haussement d'épaules devant les tours et détours de l'activisme politique. Comme s'il avait compris une fois pour toutes que tout cela ne servait pas à grand-chose devant le cours du fleuve, le long cours du long fleuve qui constitue la vie et l'histoire d'un peuple. Quelque chose d'un Oriental revenu de tout qui regarde de loin l'évolution des choses...

J'ai bien des souvenirs avec Jacques Chirac. La plupart sont des souvenirs d'affrontements, souvent rudes, et pas spécialement marqués d'indulgence ou de bienveillance de part et d'autre. Je n'ai jamais été de ses cercles. Je n'ai jamais été de ses proches. Et cela se marquait depuis mon plus jeune âge. Il y a de cela un signe indubitable et qui m'a souvent fait rire : au temps de sa splendeur, Jacques Chirac, assidu à séduire tous ceux qui étaient plus ou moins susceptibles de l'aider un jour, faisait le bon camarade, tapait sur l'épaule, et surtout tutoyait à tour de bras. Le tutoiement, adressé dès la première rencontre, paraissait à l'impétrant comme une marque de profonde familiarité. C'est ainsi que Jacques Chirac était « sympa ». Évidemment tout cela n'était qu'une apparence, une méthode, un système. Car à observer plus finement les choses, apparaissait assez vite une autre réalité : tous ceux en qui Jacques Chirac avait confiance, notamment parmi les jeunes qui l'entouraient, tous ceux qui travaillaient avec lui, tous ceux sur qui il s'appuyait, ses proches les plus proches, les Juppé et les Toubon de l'époque, Chirac les vouvoyait. Et ainsi on voyait se mettre en place, à l'inverse de l'apparence, un système de proximité fondé sur le vouvoiement et un système d'éloignement, de réserve, fondé sur le tutoiement. Les gogos seuls s'y laissaient prendre, mais il faut avouer qu'ils étaient assez nombreux...

Je me suis opposé si souvent et si profondément à lui qu'aucune ambiguïté ne pouvait subsister. Il avait de ma famille politique une idée parfaitement fixée et qui ne prêtait pas à nuance. Un jour, dans un moment particulièrement rude, alors que j'étais à deux pas de lui, et qu'il ne m'avait pas vu, je l'entendais morigéner quelques-uns de ses sbires avec qui j'étais en conflit. Il leur reprochait avec véhémence de ne pas savoir s'y prendre avec moi : « Vous ne comprenez rien, disait-il, un centriste, ça se roule dans la farine avant de se faire frire. » Cette destinée de merlan frit, elle était pour lui le lot de tous ceux qui de centre avaient le nom. Et il faut avouer qu'à l'appui de cette théorie, il pouvait avancer nombre d'exemples éloquents. Le nombre de scalps qu'il réussit au travers des décennies à accrocher à sa ceinture est impressionnant. Il faisait frire à grandes fricassées, n'économisant pas la farine des places, des avantages, des galons, des chapeaux de mamamouchi, dont il ornait volontiers celui qui allait bientôt disparaître, définitivement placé en orbite autour de lui. Ai-je besoin de dire que je détestais cette pratique ? Je n'ai jamais envisagé de lui céder. Il n'a jamais cru que je le ferais. Cela simplifiait les choses, même si cela ne lui donnait pas une haute idée de l'irréductible réticent, de l'emmerdeur patenté que je figurais à ses yeux. Je me demande même s'il n'a pas assez souvent pensé que pour me comporter ainsi en face de lui, il fallait que j'aie un grain.

Reste qu'il n'y eut guère de bataille entre les chiraquiens et le reste du monde à laquelle j'aie été étranger. Dans l'amitié de Giscard, ou plus tard pour mon propre compte et pour le compte des miens, je ferraillais sans répit, sur tous les grands combats, sur l'Europe, sur la démocratie, sur l'éducation. Et à supposer que j'en aie tenu le compte, ce compte serait assez impressionnant.

Cela n'empêchait pas Jacques Chirac, figure de l'opposition, patron du RPR, puis président, inspirateur de l'UMP, d'avoir avec le jeune contradicteur que j'étais un style de relations marqué d'urbanité. Comme toujours. On sait trop peu que sous des dehors bonhommes soigneusement affectés, Jacques Chirac a un sens chinois de l'étiquette. Les rendez-vous étaient rigoureusement étalonnés en fonction de l'importance de l'hôte, et la durée de l'audience strictement proportionnelle à ce gabarit. Quand il était à l'Élysée, pour

moi, la plupart du temps, c'était une demi-heure.
Était-ce un entretien ? À dire vrai je n'en suis pas sûr.
Jacques Chirac n'était pas là pour écouter. Il était là
pour recevoir. Et l'entretien commencé, il fallait qu'il
dure précisément les 30 minutes fixées. Alors, Jacques
Chirac mettait le disque. Et sans trop se préoccuper de
qui il avait en face de lui, parfois même sans qu'il semble juger utile de s'en souvenir vraiment, il développait
un couplet qu'il avait déjà rodé et qui lui permettait de
répéter sans s'ennuyer un raisonnement qu'il contrô-
lait parfaitement.

Une fois, une fois seulement, le mur de verre qui
nous séparait, le mur d'urbanité, s'est cassé et quelque
chose est passé qui n'était pas de l'ordre du politique
mais de l'ordre de l'humain tout simplement. C'était
un moment difficile de ma vie. Une de nos enfants
était malade. Et c'était pour moi, comme pour tout
parent, quelque chose de lourd. J'avais rendez-vous
avec Jacques Chirac dans les heures mêmes qui sui-
vaient son hospitalisation et toute ma pensée était
avec elle, et la politique était réduite à vaine agitation.
J'entrai dans le bureau du président de la République. Il me tendit la main avec la démonstrative bonho-
mie qui est son ordinaire. « Comment vas-tu ? » me
dit-il. J'allais mal et la gorge nouée je le lui dis. À ce
moment Jacques Chirac le président s'est effacé
devant Jacques Chirac le père. Nous nous sommes mis
à parler, dans un moment de sincérité, presque de fraternité, un père aîné parlant à un père plus jeune.
C'était il y a des années. Je conserve encore à Jacques
Chirac de la gratitude pour cet instant-là, où il m'a dit,
en homme lucide et fragile, des choses sensibles, de la
maladie et de l'impuissance qu'en ressentent les

parents. Il y avait un homme derrière le politique. Ce jour-là, c'est cet homme qui m'a parlé.

Quand nous avons quitté cette partie de la conversation, après un long moment, tout d'un coup, Jacques Chirac, certain de m'avoir touché, et c'était vrai, m'a lancé un regard : « Tu veux que nous parlions politique cinq minutes ? » Bien sûr j'ai dit oui. À ce moment-là il m'a fixé avec son vrai regard qui est de saurien. Pas un regard de l'ère quaternaire. Un regard de l'ère tertiaire : « Qu'est-ce que tu nous embêtes avec les idées ? » Naturellement, il n'a pas dit « embêtes », il a été plus explicite. « La politique, ce n'est pas des idées. Je vais te dire ce que c'est la politique : le Premier ministre (on était au début de la cohabitation, c'était un peu la lune de miel avec Lionel Jospin, la croissance était revenue par accident, et la plaie ouverte de la défaite électorale de 1997, après la dissolution hasardeuse, cette plaie se cicatrisait peu à peu et chacun retrouvait dans les sondages un peu de la grâce perdue), le Premier ministre, c'est fait (et il a alors eu ce geste circulaire de la main qui était le geste même de ma mère lorsqu'elle expliquait une recette de gâteau à l'intuition, on y voyait mélanger la farine et les œufs et un peu de sucre dans des proportions qui ne se traduisaient pas réellement en grammes mais en goût, au *feeling*), le Premier ministre, c'est fait pour que ça ne se passe pas trop mal en France. Et le président de la République, c'est fait pour représenter la France à l'étranger… » Je lui ai répondu alors, avec la simplicité et même l'affection qu'autorisait la conversation intime que nous venions d'avoir : « Tu vois, pour moi, ce n'est pas ce que je sens : la politique, pour le président de la

République, c'est d'abord de donner à un peuple des raisons de vivre... »

Pour Jacques Chirac, cette réponse, c'était certainement de l'idéalisme, c'est-à-dire du bizarre et du dérangé. Pour moi, c'est ma vie. Et je ne vois pas, autrement, que cet engagement, ces fonctions vaillent la peine qu'on leur consacre une pleine vie d'homme.

Et au fond, quelques années plus tard, le même Jacques Chirac a expérimenté la véracité de la réponse que je lui avais faite. Il n'a jamais été aussi reconnu dans l'estime des Français, et probablement aussi dans leur affection, que quand il a osé les entraîner haut, aussi haut qu'ils le méritaient. L'attitude de la France présidée par Jacques Chirac dans la période qui a précédé la guerre en Irak a porté notre pays, et tous les citoyens qui le forment, à une unanimité, à une affirmation nationale sans précédent. À une fierté.

Immédiatement, en cet hiver 2003 où allait se déclencher la guerre américaine en Irak, j'ai décidé de lui apporter mon soutien. Cela a provoqué des débats tendus. L'UDF était, par son histoire, une famille politique de tradition atlantiste. J'étais moi-même en tension forte avec les gouvernements de Jacques Chirac. Je me démarquais et c'était un combat âpre. J'étais donc un porte-parole désigné pour le lobby puissant actionné pour soutenir George Bush. On savait qui s'agitait en coulisses. Il y avait des soutiens à gauche et c'était Bernard Kouchner (déjà). Il y avait des soutiens à droite dont Alain Madelin était le plus assumé. Il avait des soutiens chez les intellectuels, et c'était en particulier Glucksmann et Bruckner. Le cinéaste Romain

Goupil signait avec eux un appel pour soutenir la guerre. Il y avait de la grogne au sein du gouvernement, et c'était Nicolas Sarkozy qui l'agitait. Et il y avait beaucoup de soutiens chez nous, au premier rang desquels Hervé Morin, qui me disaient : « Toi qui veux te démarquer de Chirac, dans notre tradition, tu ne vas pas laisser Kouchner et Madelin être les porte-parole de la position qui devrait naturellement être la nôtre. » Je n'accordais aucun crédit à l'histoire des armes de destruction massive qui servait de prétexte à l'attaque. J'ai demandé qu'on auditionne les experts. Je me suis assez durement accroché avec certains d'entre eux ou certaines d'entre elles. Je ne voyais pas comment un pays en aussi mauvais état économique et social que l'Irak pouvait détenir des armes de destruction massive. J'ai refusé d'écouter les sirènes. Je suis monté à la tribune de l'Assemblée nationale pour soutenir le gouvernement, pour dire que j'étais fier de la position que Jacques Chirac avait définie au nom de la France et que Villepin avait illustrée dans son discours à l'ONU.

J'ai souvent repensé à cette époque. Il y a une partie de l'opinion, une partie des élites surtout qui se portent toujours du côté des puissants de la planète. Toujours ils considèrent que la résistance aux puissants, c'est du temps perdu, de la régression. C'est de la nostalgie passéiste. Le jeune Chirac antieuropéen disait « le parti de l'étranger ». Il se trompait du tout au tout. Car l'Europe, précisément, ce n'est pas l'étranger. C'est un autre visage de nous-mêmes. Mais ce réflexe d'en finir avec la France, sa singularité, son originalité, sa rébellion, ce réflexe existe et il est puissant. Lorsque le gouvernement de Nicolas Sarkozy a été composé, finalement il n'y avait pour moi aucune surprise : on aurait pu l'écrire à l'avance. Autour de Sarkozy, leur emblème, ils étaient tous là, Kouchner, Morin, Mme Lagarde dont on se glorifiait qu'elle eût été avocate en Amérique, ce qui suffisait visiblement à la qualifier pour le ministère de l'Économie, ils étaient tous là, aux postes clés, ceux que leur inclination portait du côté de la puissance dominante.

Je sais – je ne dis pas je pense mais je sais – que si Nicolas Sarkozy avait été président de la République française au moment de la guerre en Irak, il aurait été aux Açores participer au sommet des quatre soumis, Tony Blair, José Maria Aznar, Silvio Berlusconi, José Manuel Barroso, alors Premier ministre du Portugal avant de devenir (et ce n'est sans doute pas un hasard) président de la commission européenne, désormais assuré du soutien plein et entier de Nicolas Sarkozy. Je sais qu'ils auraient aligné la France sur ce tarmac d'aéroport, et ç'aurait été grande pitié.

Nous avons été alors les grands empêcheurs de tourner en rond. Et c'était heureux. Car nous étions en même temps les défenseurs, pour ainsi dire uniques, les défenseurs, au nom de tous ceux qui n'osaient pas parler, d'une certaine idée du monde. Nous portions le refus de voir l'empire décider seul, dans le secret de ses antichambres, de la paix, de la guerre, du droit même dans le monde. Nous étions les irréductibles et nous avions bien raison de l'être. Jacques Chirac n'a pas toujours fait bien, il n'a sans doute pas toujours fait ce qu'il fallait, mais ces jours-là il n'a pas seulement représenté la France à l'étranger, il nous a donné des raisons de vivre.

Il y a une deuxième chose que j'ai appréciée chez lui. Il a toujours eu le souci, même sans l'exprimer, de sauvegarder l'unité du tissu national. Toujours il a surveillé, comme le lait sur le feu, les mouvements dangereux, les affrontements en train de monter. Parfois il faisait de l'équilibrisme. Et parfois se rattrapait aux branches, et c'était même sujet de moquerie, comme ce jour où il promulgua la loi sur le CPE en demandant en même temps qu'elle ne soit pas appliquée !... Ce n'était pas glorieux, mais au moins il n'y aurait pas de rupture grave, d'affrontement irréparable. Le gouvernement perdait un peu la face, et lui aussi du même coup. Mais au fond le vieux pays une fois de plus passerait ce cap, et si vraiment le problème était important, il reviendrait une autre fois et d'une autre manière. J'aimais bien cela. Cela avait quelque chose d'artisanal, au fond même de paysan, pour quelqu'un qui était un pur produit de la bourgeoisie, des familles puissantes, mais qui s'en était libéré avec une sorte d'indépendance d'esprit.

Le soir où Jacques Chirac a quitté ses fonctions, tout en me souvenant des longs combats que j'avais menés contre lui, j'ai traduit cette reconnaissance et cette adhésion. L'Irak et l'unité française, cela valait le coup d'être salué. Nicolas Sarkozy a dit que j'ai ce soir-là perdu trois points. C'est ainsi qu'il voit les choses, en points. Il s'en frottait les mains. Peut-être avait-il raison. Pour moi, je ne regrette pas d'avoir fait à Jacques Chirac, au moment de sa sortie de scène, un signe, malgré tout, de reconnaissance.

Chapitre III

L'hyper

Je suis, comme tout le monde, admiratif de l'inlassable énergie que déploie Nicolas Sarkozy. À dire vrai, je détesterais courir comme il le fait, sauter d'un sujet à l'autre, péremptoire et provocateur pour chacun d'entre eux, assénant sur le ton de l'évidence des vérités provisoires.

Je détesterais, et de toute façon j'en serais incapable. Nicolas Sarkozy aime se mettre en scène comme un surhomme. Une telle suractivité, je ne sais pas si cela correspond à une disposition naturelle ou au surrégime... En général, je ne crois pas aux surhommes. Je suis sceptique. Mais je veux bien admettre qu'à coups de diététique, de coaches, d'entraînement et de footing, servi par une nature au-delà du commun, Nicolas Sarkozy maîtrise le surrégime. Je suis sceptique, très. Mais bon... Je veux bien admettre que mes doutes sont provinciaux. En tout cas, ça ne m'épate pas. Et même je trouve cela dangereux, pour lui et pour nous, d'avoir un président qui flirte constamment avec le surrégime. Si j'ai une conviction à propos de la fonction présidentielle, c'est qu'un peuple comme le nôtre, avec son histoire, avec sa profondeur, n'a surtout pas besoin de quelqu'un qui se croie un surhomme, et veuille faire croire aux autres qu'il en serait un.

Je vais plus loin : le peuple de France, le peuple France, avec ses quinze siècles d'existence, avec tous les orages qui lui ont dégringolé sur les épaules, avec ce qu'il a traversé, avec tout ce qu'il a appris, avec tout ce qu'il lui reste à apprendre malgré ses quinze siècles d'exercice, ce peuple-là a tout à redouter des surhommes. Il sait où l'on conduit les surhommes. Il y a laissé beaucoup de plumes et beaucoup de fils. Il n'a pas besoin de surhommes : il a besoin, dans cette fonction, de gens normaux, sages si possible, qui soient capables de penser non pas plus vite que les autres, en battant le record du monde du nombre de discours, de dossiers, soi-disant étudiés et tranchés dans la même journée, pas plus vite, mais plus profond. Une présidente ou un président qui voie un peu plus loin que le bout de son nez, que le prochain Vingt Heures, que le prochain sondage et qui, de surcroît – passez-moi l'expression – parfois, lui fiche la paix. Qui le laisse vivre, respirer, réfléchir, et se forger une opinion sans qu'on lui en assène une, toute faite, dans l'excitation d'un discours de plus. Il n'a pas besoin d'un hyper-président, comme dit l'autre qui s'en glorifie. Il a besoin d'un président de confiance, non pas excité tous les jours, mais tous les jours attentif. Attentif aux temps, aux hommes, aux temps et aux signes des temps.

Le pire, c'est que cette idée absurde du président qui fait tout, tombe pile dans le défaut, dans la faiblesse du peuple français. Il y a des années que c'est notre tentation nationale : avoir au-dessus de nous quelqu'un qui va résoudre tous les problèmes à notre place. Ça fait des siècles que ça nous guette, depuis les Guise jusqu'aux généraux Boulanger... et comme on le voit j'ai sauté des masses de noms, pour ne faire de peine à personne, des rois, des présidents, des empereurs, des généraux, de vrais grands, et de faux grands.

C'est une faiblesse française. C'est une faiblesse parce qu'elle porte à aduler, ce qui est humiliant. C'est une faiblesse dangereuse parce qu'elle porte à sacrifier, le jour venu, l'homme providentiel qui a cessé de plaire. C'est une faiblesse surtout parce qu'elle empêche ce peuple de citoyens de se saisir lui-même des sujets qui le paralysent, de choisir lui-même, en toute connaissance de cause, le chemin qui lui permettra d'en sortir, et de s'y tenir, ce qui n'est pas la moindre condition du succès.

Certains diront : bah ! que voulez-vous ? c'est la France... Mais non, ce n'est pas seulement la France, c'est tout le monde, c'est l'humanité. Simplement, les autres ont identifié le mal et ils s'en sont guéris.

Je me souviens du jour lointain, à la fin des années 70, où le responsable de la CDU de l'époque, un homme qui, disait-on, n'avait aucune chance électorale, sans doute parce qu'il était très grand, très massif, peu élégant au sens français du terme, et qui s'appelait Helmut Kohl, prenait le temps de m'expliquer avec force détails l'architecture de la démocratie allemande. Un système élaboré de contre-pouvoirs, une organisation de l'État où personne ne peut gouverner seul, un strict respect et une représentation équitable de toutes les opinions démocratiques, un vaste système de formation civique, bâti en collaboration avec les partis politiques, les syndicats, les Églises même. Le tout adossé à des fondations politiques que l'État allemand aide puissamment, chacune organisant un réseau d'universitaires, de chercheurs, d'antennes extérieures. Rien ne paraissait trop beau pour la réflexion démocratique. Toutes les règles du jeu étaient pensées. Je n'avais pas trente ans, et j'ouvrais des yeux stupéfaits, surpris comme un Français devant un peuple qui prenait à ce point au sérieux le droit des citoyens à être respectés, et leur droit à penser. Je manifestai mon étonnement à Helmut Kohl. Et j'ai encore dans l'oreille sa réponse : « Nous avons payé assez cher notre négligence et notre ignorance sur ces sujets : nous ne recommencerons jamais. »

Démocratie

Je suis certain que le jour viendra où la France, elle aussi, comprendra qu'elle paye le prix fort, même si cela n'a jamais pris ce caractère de tragédie, à force d'organiser les choses pour que les citoyens soient toujours exclus des décisions qu'on prend en leur nom. Je récuse, comme Français, cette pratique des institutions qui n'a de démocratie que le nom. Je refuse de considérer que la démocratie se résume à un chèque en blanc, que les gouvernants peuvent tirer sur le compte autant qu'ils le souhaitent, que les citoyens n'ont droit de regard sur tout cela qu'une fois tous les cinq ans, au terme du mandat. Je crois que le soutien des peuples, leur compréhension, leur adhésion ne sont pas requis une fois tous les cinq ans, mais tous les jours de toutes les crises, de toutes les périodes faciles ou difficiles. Une seule chose est précieuse : le lien civique qui unit les responsables au pouvoir, au citoyen qui le leur a confié. Les causeries au coin du feu de

Mendès France ou de Roosevelt n'avaient pas d'autre fonction que de tisser et d'entretenir ce lien.

Je sais que cela est vital, en tout cas, pour la France. Si nous n'avions pas, comme citoyens, démissionné de notre devoir de comprendre, de suivre les affaires qui nous concernent, nous n'aurions, par exemple, pas laissé s'accumuler la montagne de dettes qui nous prive aujourd'hui de toute marge de manœuvre. Si nous avions suivi les affaires qui nous concernent, nous nous serions avisés qu'à force de diplômer, année après année, moins de médecins, nous finirions bien un jour par avoir un problème pour soigner les Français. C'est parce que nous considérons qu'il y a des gens pour réfléchir à tous ces sujets à notre place que nous nous sommes laissé avoir. Et c'est pour la même raison, parce que les initiés savent que personne n'ira regarder dans leur dossier, qu'ils se sentent si libres de prendre des décisions qui ne résisteraient pas à l'examen du bon sens. Tout cela, c'est le mal français, et c'est cette faiblesse qu'on accroît quand on veut tous les pouvoirs, pour s'occuper, et décider de tout.

L'enfant barbare

Il est enfin un trait de caractère chez l'actuel président de la République qui touche non pas aux idées, même pas aux valeurs, mais à l'idée même qu'on se fait d'un peuple. L'idée, je ne vois pas d'autre mot que *puérile*, qu'il suffit d'arriver pour tout changer, et qu'on peut tout changer.

Si j'avais un livre à écrire sur cet homme, je l'intitulerais *L'Enfant barbare*. Il est *enfant* en ce qu'il se croit tout-puissant, qu'il imagine que le monde commence avec lui et qu'il est à sa main. Il est *barbare* en ce qu'il sous-estime, méprise, ou, plus gravement encore, ignore ce que sont les piliers, les piliers culturels et moraux, de la maison.

On lui a confié, bien imprudemment, les commandes de la belle pelle mécanique rutilante. Assis au volant, il fait vrombir le moteur, marche avant, marche arrière, il manœuvre dans la maison, il joue avec le bras articulé. Et il déracine l'un après l'autre, ou il ébranle, les piliers qui font tenir la maison debout.

Je soupçonne d'ailleurs qu'il a lui-même une conscience diffuse de cet enfant en lui. Et ce pourrait être émouvant chez quelqu'un qui ne se laisserait pas emporter par son caractère... Mais comment ne pas s'inquiéter quand on voit les mains sur les manettes et les grands mouvements du bras articulé... Oui, je crois qu'il sait. Patrick Poivre d'Arvor a payé cher pour avoir osé exprimer cette intuition dans une question lors d'une interview : « On vous a vu très à votre aise au sommet du G8, parmi les chefs d'État et de gouvernement, presque même un peu excité *comme un petit garçon qui est en train de rentrer dans la cour des grands...* » À quelqu'un qui n'aurait pas eu de doutes sur ce point, la question n'aurait arraché qu'un sourire et un vague haussement d'épaules. Là, sans qu'il s'en aperçoive, le journaliste fut à l'instant condamné à mort (professionnellement) et quelques mois après exécuté en place publique, sans autre forme de procès.

Il est une très belle pièce de Montherlant qui s'intitule : *La ville dont le prince est un enfant.* Ce titre est extrait de l'Ecclésiaste. Mais c'est une citation tronquée. Le texte de l'Ecclésiaste dit : *malheur à la ville dont le prince est un enfant.* Sans doute y a-t-il des époques où tout cela n'est pas trop grave, des époques de stabilité, des époques de temps calme, où ce genre d'accident ne compte pas trop. Manque de chance, c'est maintenant. Époque de tempêtes. Dans la tempête, il faut un capitaine qui connaisse bien le bateau et sache en ménager la charpente. On ne peut pas faire souffrir à la fois dans leurs valeurs profondes l'école, l'université, l'hôpital, la recherche, la justice, tous les services publics, le Parlement. Les générations qui ont construit ces institutions, contrairement à ce que croient les adolescents, ce n'étaient pas des vieillards résignés, des corporatistes butés. C'étaient des gens de grande capacité, de culture, qui développaient dans sa vigueur le grand projet politique, républicain, français. Versant français du projet politique européen, frère, par exemple, du projet de société rhénan.

Il faut du temps pour faire un peuple, pour faire l'histoire d'un pays. Il y faut du renouvellement, de l'oxygène. Comme aurait pu dire Mallarmé, il faut aimer *donner un sens plus pur aux mots de la tribu*. C'est la respiration même de notre histoire. À condition cependant de comprendre que le matériau est toujours le même. Que nous sommes une chaîne et que chacun des maillons tient au précédent. Que c'est une seule et même histoire. Que c'est le peuple français, partie du peuple européen. Qu'il a son modèle, ses valeurs. Et que c'est parce qu'il avait son modèle propre, ses valeurs propres, qu'il est monté aussi haut.

En une longue chaîne, les cinq présidents successifs de ce demi-siècle de cinquième République, chacun en son temps, chacun avec son caractère, avait compris et respecté cette logique qui fait tenir debout l'histoire de notre pays. Charles de Gaulle respectait l'histoire parce qu'il en était. Pompidou parce qu'il l'avait étudiée. Giscard par ses lignées. Mitterrand parce qu'il la respirait. Chirac parce qu'il la redoutait. Sarkozy l'ignore. Plus grave encore, me semble-t-il, il ignore qu'il l'ignore. C'est bien pire. Pour lui, c'est affaire du passé. À peu près aussi dérisoire que *La Princesse de Clèves* dans un concours de recrutement administratif. Tout cela doit lui paraître tissu de vieilleries. L'histoire de France, c'est sa dernière trouvaille, il veut la mettre dans un musée ! Un musée de *l'histoire de France* ! Comme s'il lui était impossible de comprendre que le musée de l'histoire de France, c'est la France. Et que surtout l'histoire de France, ce n'est pas achevé, ce n'est pas muséifié, c'est vivant ! C'est de la chair et du sang. Pas seulement la chair et le sang de ceux qui nous ont précédés. Mais notre chair à nous, notre mémoire vivante, notre sang de peuple. Nous sommes l'histoire de France, à l'égal, exactement à l'égal des François Ier, Henri IV, Hugo, Clemenceau ou de Gaulle. Ouvriers d'aujourd'hui, ouvriers de demain, ouvriers d'hier, tous ouvriers. Immigrés d'aujourd'hui, d'hier et de toujours. Un peuple.

La grande découverte de la psychanalyse, la révolution qu'elle a introduite dans la conscience contemporaine, ce n'est pas seulement l'idée que l'inconscient ne cesse d'envahir le sujet, l'idée que le refoulé, par exemple le poids de la sexualité, nous façonne autant que notre pensée rationnelle. Il est une autre découverte plus fascinante encore : c'est que la blessure ignorée d'une génération atteint irrésistiblement, méchamment, les générations suivantes. Si le père ou la mère sont blessés d'un grand secret, que parfois ils ignorent eux-mêmes, les enfants seront écrasés sous un poids qu'ils ne pourront relever vraiment, s'ils le peuvent, qu'en conduisant eux-mêmes leur propre analyse et en dévoilant ainsi le secret qui fermentait et les empoisonnait. Ainsi la psychanalyse rejoint le vieux texte de l'Écriture, du prophète Ézéchiel : « Les parents mangeront des raisins verts et les dents des enfants en seront agacées. » Il en est de même d'une nation, et des générations qui l'une après l'autre la composent et la forment. Ne pas le savoir, ne pas le penser, c'est préparer de rudes retours de bâton. Sous l'URSS, comme l'avait si magistralement compris de Gaulle, souterrainement, se maintenait la Russie. Sous la Yougoslavie, demeuraient intactes les revendications nationalistes de la Serbie, de la Croatie, du Kosovo, de la Bosnie, de la Macédoine, de la Slovénie, et même du Monténégro, aucun des sept pays qui la composaient n'avait rien abdiqué de sa revendication de reconnaissance, de son être. La revendication basque a cheminé silencieusement cinq siècles durant, depuis que le royaume de Navarre fut annexé à la couronne espagnole dans les dernières années du xve siècle. Comme les rivières qui tout à coup s'enfoncent sous terre, et elles ont disparu, et plus personne ne sait qu'elles existent. Mais des kilomètres plus loin, quelquefois des dizaines de kilomètres, jaillissent des résurgences qui s'imposent aux yeux de tous, parfois plus puissantes, plus abondantes, plus impérieuses.

L'histoire

C'est ainsi qu'il est vain et dangereux de vouloir, de force, faire de la France autre chose que la France.

Par exemple, il suffit de tourner les pages d'un livre d'histoire (ou de deux...), pour comprendre que la ligne historique de notre pays, c'est de lutter contre les Empires. De défier les puissances impérialistes. Ce n'est pas d'aujourd'hui. Ça a commencé avec Vercingétorix. Ça a continué contre le Saint Empire Romain germanique. Ça nous a fait des ennuis avec Rome, la Rome de César et la Rome des papes. Et ça n'a jamais cessé. Avec Frédéric Barberousse et avec Charles Quint, avec les Habsbourg, avec l'Empereur et son casque à pointe. Et mon père tout enfant, tout petit garçon, qui avait cinq ans en 1914, estimait, à cinq ans, avoir un compte personnel à régler avec Guillaume II. Et ça a continué, qu'on le veuille ou pas, avec la plus récente expression de l'esprit impérial, de l'arrogance, même adoucie, qu'a été l'empire américain. Si on était très intelligent, et si on avait le temps, on pourrait même essayer de montrer comment la France a lutté contre l'Empire, y compris lorsque cet empire était le sien, lorsque c'était elle qui le construisait ! Ce n'est pas d'hier, nous ne sommes pas nés de la dernière pluie. À cette vocation historique désormais nous manquons.

Quand je vois cette entreprise qui nous entraîne à renoncer à la nécessité intérieure que de Gaulle avait si justement saisie, et embrassée, d'un seul mouvement d'intuition et de grandeur, y compris contre les meilleurs esprits, je pressens que frémit quelque chose de profond. Il y a un manquement qui est en marche et dont l'actuel président de la République s'est fait l'auteur et l'agent. Ce manquement ne touche pas seulement aux lois et aux décrets. Ce ne serait rien, ou pas grand-chose. Mais ce manquement touche à l'esprit qui a fait de la France ce qu'elle est.

Peut-être suis-je trop inquiet. Peut-être me trompé-je. Je ne crois pas. Mais je préférerais. Les dégâts seraient moins considérables. J'en serais de faire amende honorable. Mais si je ne me trompe pas, alors il est juste que nous nous attelions à la tâche de combattre cette entreprise de déstabilisation. Parce qu'il vaut mieux réduire les fractures alors qu'elles ne sont pas encore déplacées, avant qu'elles ne déchirent les chairs. Montesquieu a écrit un jour ceci que les gouvernants devraient afficher au mur du lieu où ils réfléchissent, s'ils réfléchissent : « Il faut être attentif à ne point changer l'esprit général d'une nation. » Il n'y a pas de plus grand abus de pouvoir que de porter atteinte à l'esprit général, au dessein historique, du pays qui vous a fait confiance.

Et c'est de surcroît se condamner à l'impuissance. Car il faut être enfant pour croire que le pouvoir donne ce pouvoir. En réalité, plus on frappera fort, plus ce pays se défendra. Et au bout du compte, on sera condamné à l'impuissance. Il n'y a pas d'autre explication à la somme extraordinaire des « réformes » ratées, avortées, remballées dont nous pouvons faire le compte ces derniers mois.

Chapitre IV

Réformes, le mot piégé

Pour la première fois de notre histoire, un dirigeant français, et le groupe qui l'entoure, cherchent à imposer à la France l'abandon de son modèle de société. Le modèle républicain, le projet que nous avons choisi pour nous-mêmes, et que nous avons proposé au monde depuis des décennies, que nous avions protégé contre tant de critiques, à voix haute ou à voix basse, aujourd'hui ceux qui gouvernent ont entrepris de le jeter au panier. On en sape les fondations. On en détruit la charpente. On en mine les piliers.

Et on cherche à installer à la place un autre modèle, un autre projet, celui-là même que nous avons écarté dans notre histoire au long cours. Le projet qui sans jamais dire son nom domine la globalisation. Le projet, certains disent néo-libéral, d'autres néo-conservateur, que je propose de nommer simplement projet *inégalitaire*. Et cela, au moment même où le monde entier découvre les dégâts de la crise provoquée par ce modèle, au moment où le monde capitaliste vacille, menace de s'écrouler, tant les déséquilibres que ce projet a multipliés ont fragilisé l'édifice.

Double faute. Faute contre l'esprit, et faute de temps. Pourtant, les observateurs et les citoyens ont bien du mal à saisir, dans l'excitation perpétuelle du pouvoir, le dessein d'ensemble. Les pièces du puzzle sont trop éparpillées. C'est même devenu une accusation contre le pouvoir actuel : on ne voit pas où il veut en venir. Or, il me semble au contraire qu'en prenant un peu de distance, on voit très bien où tout cela nous conduit. Plus exactement, on voit très bien où tout cela voudrait nous conduire. Et c'est précisément à ce mouvement sournois, mais cohérent, que la France résiste : la France avec son histoire, la France tête de mule.

Rupture

L'élection présidentielle de 2007 a été placée par son vainqueur sous le signe de la « rupture ». Pour une fois, les mots avaient du sens. Il ne s'agissait pas seulement d'un slogan commode, un peu fourre-tout. Cette rupture était longuement méditée, elle savait où elle allait. Tout un courant de pensée l'avait préparée, notamment dans les milieux d'influence, depuis au moins les années 90. Mille éditoriaux brillants, mille voix réputées expertes, avaient sans cesse seriné aux Français le même refrain : la France, ce n'était plus ça. Et d'accumuler les statistiques, la liste innombrable des faiblesses, réelles ou supposées, de ce pays qu'on disait vieux, de mettre ses difficultés en parallèle avec ses idéaux, avec dérision. Non pas pour corriger les faiblesses, mais pour abandonner les idéaux.

Ce n'est pas seulement une histoire française. C'est vieux comme Hérode. Ça remonte, comme disait l'humoriste, à la plus haute antiquité. C'est la plus vieille affaire du monde, affaire de domination. Les dominants, les dominés, et parmi les dominés ceux qui sont fascinés par les dominants, et qui copient leurs coutumes et leurs mœurs, leur langage et leur vision du monde. Bien entendu, ce n'est pas conscient (ou, disons, pas toujours conscient), cela vient des écoles, du monde des affaires, des articles de journaux pour initiés. C'est le plus souvent *de bonne foi*. Mais ce n'en est pas moins pernicieux. Cela ne se fait pas facilement. On ne contrarie pas aisément le cours d'un fleuve. On ne change pas aisément le projet d'un pays. En tout cas, cela fait des vagues. Cela fait des tsunamis intérieurs dans l'âme d'un peuple.

Souvent, c'est vrai, à la longue, les dominants gagnent. S'imposent peu à peu leur langue et leur manière de penser le monde. Les tribus gauloises se découvrent gallo-romaines. Les Saxons se réveillent normands. Le français des conquérants devient la langue de l'Angleterre. Mais il peut arriver aussi que le modèle des dominants fléchisse, et que le cours des choses se renverse. Alors, les élites de Rome se piquent de parler grec. Alors la France s'impose à l'Empire, et les gallicans relèvent la tête contre la papauté, alors l'anglais des soumis s'affirme à son tour dominant. C'est le grand débat de l'histoire. À quel moment en êtes-vous ? Tout là-haut, au sommet du monde, êtes-vous sûrs que vous n'avez pas commencé à décliner ? Car les adulateurs parfois adorent durablement les étoiles mortes…

Les Romains, lorsqu'ils honoraient les généraux triomphants, sous les ovations du peuple et les arcs de triomphe, plaçaient sur son char un esclave chargé d'une double tâche : d'abord il tenait au-dessus de la tête du général triomphant la glorieuse couronne de laurier ; et ensuite il était chargé de sans cesse lui répéter à l'oreille le rappel de sa fragilité : *cave ne cadas*, « attention à ne pas tomber », ou *memento mori*, « souviens-toi que tu vas mourir ». Ce qui est vrai pour les généraux romains est vrai aussi pour Rome : les civilisations ne devraient jamais l'oublier. « La roche Tarpéienne (d'où l'on précipite les condamnés à mort) est près du Capitole. » Elle est même géographiquement à son sommet. Mais il n'y a pas d'esclave pour rappeler à la raison les peuples qui croient triompher.

Le mot volé

On a volé le mot de *réforme*. Aujourd'hui, ce mot est devenu une rengaine de l'action gouvernementale. Il ne se passe pas de jour et même il ne se passe pas d'heure sans que l'expression officielle ne rappelle à quel point « il faut des réformes », qu'il faut « continuer les réformes », que plus que jamais « on a besoin de réformes », que le gouvernement « ne renoncera pas aux réformes », que « les réformes sont une nécessité », que « le gouvernement a été élu pour réformer ». La seule chose qu'on ne dise jamais c'est ce que sont les réformes.

Le mot réforme est un mot piégé. En politique comme en histoire les mots sont des armes. On les retourne pour en changer le sens, pour en dénaturer la portée. L'étymologie du mot *réforme* renvoie au latin *reformare,* dont la signification tournait autour de l'idée de « rendre à quelque chose sa forme première ». On voit que le mot renvoie au sentiment que le temps dénature les choses, les pervertit et qu'au fond, c'était mieux avant. *Reformare,* c'était donc débarrasser une institution de la corruption du temps pour lui rendre son inspiration originelle.

On voit comment cette signification s'est particulièrement bien appliquée à la religion, à l'Église, toujours soupçonnée, et pas sans raisons lorsqu'on pense à la fin du Moyen Âge, de s'être éloignée de la pureté des fondateurs. Le mot a d'abord été utilisé pour ceux qui voulaient que le catholicisme dominant renonce à la pompe, aux ors, à la richesse, aux abus de toute nature. Il a immédiatement glissé au vaste mouvement historique qui s'est constitué autour de ce retour aux sources, le protestantisme. Les protestants se sont désignés eux-mêmes comme réformés[1]. Il y avait donc dans l'écho du mot *réforme* quelque chose comme un courage de résistants à l'endroit de forces dominantes qui avaient avec elles l'ordre établi.

Au XIXe siècle le mot a pris un tour politique spécialement dirigé vers la réforme électorale, c'est-à-dire vers la fin du suffrage censitaire, qui ne donnait le droit de vote qu'aux citoyens disposant d'un certain revenu, et l'adoption du suffrage universel (suffrage universel des hommes bien entendu, le temps de reconnaître aux femmes la légitimité civique ne viendra pas avant de longues décennies).

Il faudra attendre le XXe siècle, les années 70, pour qu'un courant politique se définisse en France comme *réformateur.* J'en étais. À la tête de ce courant il y avait

---

1. Et leurs adversaires ont repris le même mot avec la dénomination de RPR, la « religion prétendue réformée ».

des hommes que j'ai respectés, connus et aimés. Jean-Jacques Servan-Schreiber flamboyant, Jean Lecanuet dont j'ai été le collaborateur et ami, obstinément résistant. À l'époque ils sont l'un et l'autre à la tête des deux courants centristes du pays, le courant laïque avec le parti radical et le courant chrétien avec le centre démocrate. Pris en étau entre la droite au pouvoir autour de Georges Pompidou, et le parti socialiste qui vient de se créer et dont le dogme est l'union de la gauche, ils décident de réunir leurs forces. Et il relèvent le vieux mot de réforme, en décidant de s'intituler Mouvement réformateur.

Réforme, à l'époque, le mot a un sens précis. Il signifie *progrès social sans révolution.* Dans le grand combat historique entre les deux côtés du mur de Berlin, les réformateurs affirment que l'on peut trouver du progrès social sans violence, sans dictature du prolétariat, sans nationalisations, sans rien céder au totalitarisme. Et même, ils disent qu'il ne peut y avoir de progrès social qu'en défendant les libertés et la responsabilité des citoyens. Ce combat, conduit par deux brillants esprits, deux *condottieres* de la politique française, sera brutalement interrompu par la disparition prématurée de Georges Pompidou, l'élection de Giscard, et la fusion-acquisition comme on dirait aujourd'hui en termes d'affaires, qui conduisit ce courant à rejoindre le panache du nouveau président de 1974.

Le mot réforme ne disparut pas avec le mouvement réformateur. Régulièrement, les figures de ce courant politique rappelèrent quel était le choix fondamental qui les animait et les inspirait : non pas la révolution, mais le progrès par la loi et par la conviction des citoyens. Mais ce courant d'indépendance et de préoccupations sociales se trouva comme aspiré par le pôle de droite, et peu à peu lui rendit les armes.

Alors fut perpétré le détournement. Dois-je avouer que moi-même, qui étais un réformateur militant, je ne vis rien de la manœuvre ? Bien contents que nous étions de voir utiliser le mot qui nous servait d'oriflamme et de signe de ralliement. Bien contents, bien naïfs, stupides de ne pas comprendre d'un seul coup que ce mot qui était un mot de progrès, on allait en faire un mot de réaction. « Réforme » était un *plus* social : on allait sans rien en dire, sans rien en montrer, en faire un *moins*.

La mode était alors à Margaret Thatcher. Les « réformes » de la « dame de fer » avaient pris le sens agressif d'une remise en cause de tous les cadres sociaux de la Grande-Bretagne. Et dans une partie de l'opinion française une telle campagne apparaissait comme un exemple : les syndicats mis à genoux, les sécurités sociales rayées d'un trait de plume, le risque remis au goût du jour.

Réforme : c'est Édouard Balladur qui comprit le premier tout le parti qu'on pouvait tirer de l'utilisation d'un mot chargé d'une telle richesse évocatrice. On créait le leitmotiv qui regrouperait sous la même définition bienveillante les chapitres différents d'une politique libérale. Quelques mois avant les élections législatives de 1993, alors que la France était en récession et la défaite du parti socialiste assurée (les socialistes allaient revenir moins de 60 à l'Assemblée nationale, à peine 10 % des sièges), il publia le *Dictionnaire de la réforme*, véritable programme pour l'alternance qui venait, dont il entendait assurer la direction comme

Premier ministre de cohabitation. Édouard Balladur avait eu l'habileté de se donner un profil centriste : son image était à cette époque celle d'un libéral équilibré, avec une forte préoccupation sociale.

La réforme était le mot clé de la période. Je me souviens d'avoir fortement déplu à Édouard Balladur lorsque j'affirmai, à peine nommé au ministère de l'Éducation nationale, qu'il n'y aurait pas de réforme Bayrou. J'étais[1] assez indépendant d'esprit, et peu porté à la révérence. J'avais publié un livre deux ou trois ans auparavant (*La Décennie des mal-appris*, Flammarion) pour expliquer à quel point la réforme annoncée à grand son de trompe était vouée à l'échec dans cette grande institution. J'y condamnais la fatuité des ministres qui veulent à tout prix qu'une loi porte leur nom, démarche qui me paraissait parfaitement inadaptée aux problèmes de l'éducation, qui se nouent dans une classe dans le rapport personnel, et mysté-rieux, entre un enseignant et un élève. J'y défendais l'idée que la loi, la circulaire, contrairement à ce que croient ceux qui les édictent, sont en réalité sans la moindre portée sur le rapport pédagogique. Ce n'est pas le même ordre de réalité. La discussion législative, le décret d'application, la circulaire dans le bulletin officiel de l'Éducation nationale, rien de tout cela n'est susceptible de changer la seule chose qui compte : le crédit d'un enseignant aux yeux de son élève.

J'écrivais : « Rien ne se passe dans la loi et tout se passe dans la classe. Ce qu'il faut changer ce n'est pas la loi, si l'on peut, c'est la classe. » Quinze ans plus tard je n'ai pas changé d'avis sur le sujet. Et les échecs suc-

______
1. À l'époque...

cessifs de tous les ministres matamores annonçant à l'avance que cette fois on allait voir ce qu'on allait voir m'ont ancré dans cette conviction.

On peut faire beaucoup sans provoquer des vagues de rejet qui ruinent l'action la mieux intentionnée. Il suffira peut-être de rappeler que le jour où j'ai quitté l'Éducation nationale au printemps 97, au moment de la dissolution ratée, le jugement des parents sur l'école était le plus favorable qu'on ait mesuré depuis que l'enquête existe. La réforme du bac, encore en vigueur aujourd'hui, celle du collège saluée unanimement, les programmes récrits à l'école primaire, les stages de troisième en entreprise, la réforme de l'université approuvée par tous les acteurs malgré les difficultés de l'organisation des études en semestres, l'augmentation des heures de philosophie pour toutes les disciplines, des heures d'éducation physique au collège et au lycée, la réforme des classes préparatoires aux grandes écoles, tout cela se construisit sans heurts, sans perte de temps, grâce à des efforts continus d'une concertation presque quotidienne, que me reprochaient pourtant des imbéciles au menton avantageux.

Il ne me manqua même pas la manifestation millionnaire, un million de manifestants (même si je crois qu'ils étaient plutôt 500 000 mais cela fait beaucoup de monde quand même), à propos de la loi Falloux. Pas de faux-semblant : par la faute de mon goût pour l'esprit mousquetaire et les duels à l'épée, j'étais le premier, sinon le seul responsable de ce qui m'arriva. J'avais voulu passer en force, pour montrer sans doute que mes prédécesseurs appartenaient à l'univers des hésitants. Je l'avais fait dans une manœuvre parlementaire brillamment conçue, fortement exécutée et parfaitement stupide. J'avais bien mérité ce qui arriva, même si évidemment le contenu de la loi ne valait ni immense honneur ni flétrissure d'indignité. Il s'agissait seulement de permettre aux collectivités locales de donner une participation aux écoles privées en matière d'investissements immobiliers, pour l'essentiel de leur permettre de réparer les toits des écoles en détresse. Simplement, j'avais sous-estimé la portée symbolique d'une telle décision ; et François Mitterrand savait, lui, qu'en politique les symboles sont de la dynamite.

Contre *la Réforme* supposée tout régler, je défendais l'idée de *progrès continu* : analyse précise des blocages multiples qui mettent en difficulté élèves et enseignants, avec correction de ces difficultés, accompagnée d'un vaste travail d'évaluation des démarches pédagogiques au travers des résultats effectifs obtenus pas les élèves. Ainsi la liberté pédagogique demeurait entière, et les méthodes d'enseignement les plus efficaces étaient amenées à être repérées d'abord, généralisées ensuite. L'école tout entière en serait entraînée dans un mouvement de progrès avec le moins possible de crises qui sont autant de blocages.

Mais d'avoir prononcé cette phrase : *il n'y aura pas de réforme Bayrou*, fut considéré dans les cercles où l'on parle à voix basse comme un crime de lèse-majesté à l'égard du Premier ministre dont la réforme était le drapeau... Cela me valut une ombre de disgrâce. Mais j'allais être élu à la présidence du mouvement centriste de l'époque, tout jeune président, assez bien vu de l'opinion comme le sont toutes les étoiles montantes qui sont assez souvent des étoiles filantes. J'étais donc utile pour appuyer l'élection à l'Élysée de celui qui occupait déjà Matignon. J'étais certes promis à la disgrâce. Mais la disgrâce fut remise à plus tard et comme souvent en politique, il n'y eut pas de plus tard.

La vraie question : progrès ou régression ?

À partir de cette époque le mot *réforme* servit à tout, et donc principalement aux basses œuvres. C'est devenu une vérité qu'on ose à peine discuter qu'il est essentiel de réformer. Je prétends que cette affirmation n'a pas de sens en elle-même. La question préalable est de savoir dans quel sens va la réforme. Car il est des réformes qui sont des régressions, des retours en arrière, des abandons et des défaites. Il est des réformes absurdes et dont on se mord les doigts encore plusieurs décennies après. Les nationalisations de 81, les trente-cinq heures, le bouclier fiscal, ce sont des réformes. Sont-elles bonnes pour autant ? J'ai vécu de près, par exemple, la bêtise au front de taureau qui présida à la restriction du nombre des médecins par les gouvernements successifs des années 90. La technocratie aveugle et sourde était entièrement dirigée par une idée simpliste : « Moins il y aura de médecins, moins il y aura d'ordonnances. » On étrangla donc le *numerus clausus*. Ministre de l'Enseignement supérieur, je me battais avec l'acharnement du désespoir contre le ministère de la Santé pour sauver les places au concours (voyant des générations entières d'étudiants sacrifiés), et pour qu'on veuille au moins regarder la pyramide des âges des médecins français. Il était aveuglant qu'on se dirigeait tout droit vers un déséquilibre. Rien n'y faisait. Le gouvernement fit même voter des mesures spéciales de dégagement des cadres, offrant aux médecins qui accepteraient de se retirer dans une préretraite précoce des conditions si avantageuses qu'ils furent plusieurs milliers à les accepter. Aujourd'hui, partout, et en particulier dans les zones les plus fragilisées de notre pays, on manque de médecins, généralistes et spécialistes, on manque d'urgentistes, de gynécos, d'ophtalmos, de psychiatres, et ce sont les médecins venus de pays étrangers, d'Europe centrale et orientale, d'Afrique, d'Inde, bientôt de Chine, qui sont appelés en renfort, souvent maltraités, alors que des milliers et des milliers de jeunes étudiants ont vu leur vie gâchée pour quelques centièmes de points : on les a privés du destin qu'ils avaient choisi et amputés de leur vocation.

Ce qu'on appelle *réforme*, c'est souvent ce que le haut, les initiés, décide à la place du bas, les praticiens, ceux du terrain, ceux qui ont l'expérience et ne sont pas réputés avoir l'expertise. Il y a une pensée unique de la réforme, suffisante, sûre d'elle-même, qui aura beaucoup fait pour qu'un gouffre s'installe entre les citoyens et les décideurs, entre ceux qui subissent et ceux qui choisissent.

Le mot est devenu si répétitif qu'il a lui-même oblitéré son sens. « Tout le monde est d'accord pour la réforme », « tout le monde pense que la réforme est nécessaire ». En fait il y a derrière ce mot de la pure et simple idéologie. Il y a l'idée que le changement est nécessaire en lui-même. La stigmatisation des « conservateurs » est devenue un lieu commun du débat politique. « Vous êtes des conservateurs », accusait autrefois la gauche s'adressant à la droite. « C'est vous les conservateurs puisque vous ne voulez rien changer », rétorque aujourd'hui la droite s'adressant à la gauche.

La seule question que l'on ne pose jamais, c'est : changer pour quoi faire ?

Seul le citoyen basique se dit qu'il serait bien, une fois pour toutes, qu'on considère que les réformes ne valent que si elles sont progrès, amélioration, et qu'il convient donc de définir le but que l'on veut atteindre avant de les décider. Ce qui n'est jamais fait. Pourtant la discussion et la définition du but à atteindre permettrait une méthode de la réforme, qui donnerait enfin sa place aux intéressés, aux bosseurs de terrain.

De la réforme comme défaite

Dans l'idéologie de la réforme s'est glissée de surcroît une défaite, comme un déclassement, une dévaluation du modèle français.

Nous, France, avons construit, au travers du temps, un modèle de société. Un projet de contrat social. Un modèle qui avait ses défauts sans doute. Comme les autres. Pas plus. Et même plutôt moins si l'on regarde la France, *mère des arts, des armes et des lois*. Et depuis que ce vers fut écrit, quatre siècles se sont écoulés, et plus. Et de ces quatre siècles et plus, nous n'avons pas à rougir, ni dans les arts, ni dans les armes, ni dans les lois. Certes, il est de bon ton, dans les cercles de pouvoir, de moquer la France. Et si nous la regardions au contraire avec fierté ? À sa juste mesure. Comme un des seuls pays au monde qui aient fait naître un modèle de société, républicain, parce que démocratique, laïque et social. Et il faut rompre, en effet, non pas avec notre modèle, mais avec toute une école de pensée qui voudrait nous persuader de renier ce que nous sommes pour rejoindre le commun troupeau.

C'est parce que nous sommes différents que nous valons la peine. Et renoncer à notre différence, c'est renoncer à compter.

Comme si de notre modèle il fallait avoir honte. Comme si toute notre histoire républicaine devait se renier, face à l'histoire des Anglo-Saxons. Comme si de la grande confrontation mondiale entre les deux modèles qui se sont avancés sur la scène des derniers siècles il nous fallait sortir vaincus, signer notre reddition.

Et cela se constate dans tous les secteurs de la vie d'une société. La justice, par exemple. Nous avions un système juridique et juridictionnel : on veut nous persuader de l'abolir. Nous avions inventé la neutralité de l'instruction : un juge indépendant, dans les affaires pénales, les plus graves, était chargé de conduire l'instruction, l'enquête, non pas comme un accusateur, mais comme un magistrat impartial, défendant aussi bien la société que l'accusé, instruisant, comme on dit, à charge et à décharge. Les Anglo-Saxons avaient mis au point un autre système, système accusatoire, où le juge sert uniquement à tenir balance égale entre avocat et procureur, entre défenseur et accusateur. Avantage donné à qui a les moyens de se payer le meilleur cabinet d'avocats, les meilleurs détectives privés, pour établir, à tort ou à raison, des preuves d'innocence. Et si le juge voit devant lui un pauvre bougre, défendu – comment le saurait-il ? – par un avocat incompétent, il ne peut lui porter secours puisqu'il ne doit tenir compte que des arguments, des moyens, qu'on fait valoir devant lui. Fortune des cabinets américains.

Notre système de droit pénal a été copié par une cohorte de pays : pays francophones, pays d'Europe centrale et orientale. C'est le moment que nous choisissons pour baisser pavillon. Nous renonçons à défendre ce que nous sommes. On veut, reniant des décennies de mise au point, nous faire abandonner notre propre modèle et adhérer au modèle anglo-saxon. Et cela au moment même où, après la catastrophe d'Outreau, une commission de parlementaires et de magistrats *unanimes* ayant examiné toutes les hypothèses, notamment celle du renoncement au juge d'instruction, s'était prononcée, au contraire, pour un renforcement de cette indépendance par la mise en place d'une collégialité, des pôles d'instruction, permettant au magistrat d'échapper à sa solitude et aux risques d'errements qu'elle fait effectivement courir. Ce n'était pas renoncer, c'était améliorer et renforcer. Le pouvoir actuel a décidé de faire litière de cette réflexion, pourtant conduite par nombre de ses amis. Il a engagé la France judiciaire dans le renoncement à ses propres principes, sans lui offrir la garantie d'un parquet indépendant. Plus aucune « affaire » ne pourra sortir si elle gêne le pouvoir en place. Nous abandonnons des positions solidement acquises, respectées dans le monde entier et spécialement dans l'univers des juristes. Nous allons accrocher notre wagon au train de la justice américaine. Il nous faudra de longues années pour en comprendre les défauts et en maîtriser les arcanes. Ce temps perdu ne se rattrapera pas et l'école de droit française se trouvera déclassée.

Nous avions un système de normes comptables. Ce système servait de modèle à toute une partie du monde. Il était fondé en raison. Il avait fait ses preuves. Il reposait sur l'idée que l'on ne peut pas, dans le bilan d'une entreprise, ne prendre en compte que les valeurs variables du marché, de l'estimation instantanée. Il faut un minimum de valeurs fixes. Et lorsque j'achète mille, même si momentanément le marché a baissé, je ne suis pas dépossédé de tout, ma valeur peut remonter. L'estimation instantanée, tous les trimestres, par exemple, est doublement dangereuse : elle est trop euphorisante quand tout monte, trop désespérante quand tout baisse. Elle provoque des risques excessifs, et des déprimes catastrophiques. Nous étions fondés en raison. Et puis nous avons baissé pavillon. Nous avons accepté que les normes comptables soient revues à la mode des Anglo-Saxons. Nous y avons beaucoup perdu en rayonnement. Et le monde économique y a beaucoup perdu, comme on l'a vu au déclenchement de la crise américaine.

Nous avons un modèle universitaire et de recherche : envié de beaucoup dans le monde, avec des lourdeurs, certes, mais avec une logique. Nous portions un modèle unique qui considérait que, où que l'on se trouvât sur le territoire national, on était membre de la même Université, *Universitas,* que les diplômes avaient la même valeur. Les autres, notamment les Anglo-Saxons et les Allemands, avaient des universités concurrentes, nous avions une Université, nationale. Et nous étions fiers d'affirmer qu'on pouvait faire de magnifiques études de droit public à Pau, de physique à Strasbourg, que les établissements parisiens étaient riches et respectés, mais que le reste du territoire n'était pas abandonné. Que la recherche s'appuyait en même temps sur les établissements universitaires, et sur les grandes institutions scientifiques, CNRS, INSERM, Instituts de physique ou d'informatique, et que cela nous avait donné belle moisson de prix Nobel.

Insidieusement, nous avons baissé pavillon. Fascinés par des classements commandés par les normes des autres – sait-on par exemple que dans ces classements internationaux, type classement des universités de Shanghai, on donne un avantage décisif aux recherches publiées en anglais – dites-moi comment on publie en anglais à propos de droit pénal français, d'histoire de France, de littérature française, de philosophie… –, nous avons peu à peu accepté l'idée que notre Université n'était plus qu'une apparence, que désormais les universités étaient bel et bien concurrentes, que les diplômes ne se valaient pas, ce qui est peut-être vrai pour des préparations pointues, mais assurément faux pour le courant des préparations universitaires.

Ce n'était pas que les établissements universitaires qui la composent n'aient pas besoin d'autonomie. Ils ont besoin d'autonomie et de reconnaissance. Ils crèvent de n'avoir ni l'une ni l'autre. Bien sûr, les universités sur le terrain ont besoin d'autonomie ! On les fait vivre sous le règne de la paralysie et de la vexation permanente. Il fallait demander la permission d'une autorité supérieure, rectorat ou ministère, pour acheter une photocopieuse, un ordinateur, peut-être même des stylos et du papier. Il fallait aux universitaires remplir des papiers sans nombre pour se faire rembourser un billet de train, même en seconde. On devait demander au service compétent du rectorat l'autorisation d'allumer le chauffage quand venait l'automne. Ce n'est pas seulement qu'elle manquait de liberté, l'Université, en ses établissements, c'est qu'elle était paralysée par la bureaucratie, par les règlements, par l'organisation des marchés publics.

Mais cette autonomie d'établissement est parfaitement conciliable avec l'unité de l'université française. Et cette unité se défendra. Ceux qui veulent nous conduire vers l'univers anglo-saxon où chaque université a sa propre loi rencontreront cette résistance. Dans le modèle anglo-saxon, ce n'est pas de l'autonomie, c'est de la concurrence. Chaque université a sa liberté de recrutement, son corps enseignant, sa politique de recherche, son financement, sa liberté de fixer les droits d'inscription, de sélectionner ses étudiants et, surtout, d'accorder ses diplômes.

Je ne crois pas que ce type d'organisation pourra s'établir en France, et je ne crois pas qu'il le faille. Je pense qu'il est bien, et juste, qu'une licence de l'université de Pau ou de Limoges soit regardée comme équivalente à une licence de la Sorbonne. Je pense qu'il est bon et juste qu'un étudiant puisse faire des études convenables près de chez lui, si sa famille n'a pas les moyens de lui assurer une subsistance dans une grande ville universitaire. Ce ne sont pas des valeurs ringardes, des valeurs du passé. Et même, pour moi, cela est plus juste que d'avoir à assumer les milliers de dollars que représente une inscription dans une grande université américaine (entre 5 000 et 25 000 dollars, et davantage, pour l'inscription annuelle). On vous dira : oui, mais pour les étudiants les plus brillants, il y a des bourses. J'aimerais savoir combien. Et il y a beaucoup d'étudiants qui méritent de faire des études même s'ils ne sont pas parmi les plus brillants. Les enfants de familles favorisées, on ne leur demande pas d'être brillants *a priori* pour avoir le droit de faire des études. Pour les autres, dira-t-on sans doute, il y a des prêts. C'est-à-dire l'inégalité consacrée au départ, les uns libres de toute dette, les autres chargés de lourdes annuités.

Ce malentendu n'a jamais été levé : je ne connais personne qui récuse l'idée que la gestion de l'université, des établissements universitaires, doive être rendue plus autonome, dans un grand mouvement de confiance au terrain. Je ne connais personne qui ne reconnaisse le besoin d'une impulsion, d'une direction pour l'ensemble de la communauté universitaire, assumée par son président. Y compris en termes de stratégie de recherche, par exemple, en termes de valorisation de secteurs disciplinaires.

Mais l'appartenance à notre Université nationale impose le respect de contraintes : égalité des diplômes, identiquement opposables aux conventions collectives, ouvrant identiquement droit aux concours de la fonction publique. Et le recrutement fait le reste, et le concours classe. Évaluation nationale des chercheurs, et évaluation par les pairs. Lutte contre le localisme dans le recrutement des enseignants et des chercheurs. Je suis pour ma part partisan des concours nationaux, constituant un vivier dans lequel chaque université serait ensuite libre de piocher.

Il n'y a rien de difficile dans une telle approche : elle suppose simplement que l'on accepte la logique historique de l'Université française, corrigée de ses dérives et de ses faiblesses.

Chapitre V

La rupture

« Rupture », donc. Visé, notre modèle français, si souvent moqué pendant la campagne électorale de Nicolas
Sarkozy. Modèle républicain, admirablement défini en
trois adjectifs par le texte même de la constitution : la
République est démocratique, laïque et sociale.

Or, depuis dix-huit mois que le nouveau pouvoir est
installé, la République est de moins en moins démocratique, puisque tous ses principes, contre-pouvoirs
et séparation des pouvoirs, sont allégrement abandonnés, sans la moindre précaution pour sauver même les
apparences.

Elle est de moins en moins laïque puisque tous les
discours officiels sur le sujet s'aventurent en direction
d'un mélange des genres, jusqu'à maintenant inimaginable en France, entre politique et religion, État et
Églises ou confessions.

Elle est de moins en moins sociale puisque les inégalités s'accroissent, et que les acteurs du jeu social, syndicats et corps intermédiaires, sont écartés des vraies
décisions et de surcroît moqués, en tout cas lorsque le
climat était au beau. « Maintenant, en France, disait-on

pendant l'été, lorsqu'il y a une grève, on ne s'en rend même plus compte ... »

« Rupture » avec le modèle républicain, et adhésion à un autre modèle, celui qui depuis deux décennies prétend dominer l'univers en imposant ses choix comme s'il s'agissait de lois intangibles. Par commodité, pendant la campagne électorale, j'ai dit « modèle américain ». Bien entendu, comme on le voit désormais avec éclat, les Américains sont victimes comme les autres humains de cette déviation. Peut-être même découvrira-t-on qu'ils en ont été victimes plus que d'autres encore. Le définir exige d'utiliser des mots compliqués, « néoconservateur », diront les uns, « néolibéral », affirmeront les autres. En vérité, il n'y a en tout cela de *néo* que les mots. Car il s'agit seulement du plus vieux des renoncements de l'histoire : l'acceptation de l'exploitation du faible par le fort. L'acceptation de la *montée des inégalités*, la concentration de la puissance, de toutes les puissances, économiques, financières, politiques, médiatiques, entre les mains d'un groupe, petit par le nombre, mais démesuré par l'influence, la manipulation subtile de l'opinion. Or, c'est bien contre ce renoncement que nous avons construit notre pays, notre maison.

La France, c'était précisément le pays où, face au faible, le fort n'avait pas tous les droits. Il y a cent cinquante ans que Lacordaire l'a dit mieux que moi : « Entre le fort et le faible, entre le riche et le pauvre, entre le maître et le serviteur, c'est la liberté qui opprime et c'est la loi qui affranchit. » C'est avec cela qu'ils veulent rompre et imposer le *modèle inégalitaire.*

L'aveu

On m'a longtemps reproché ma dénonciation du ralliement de Nicolas Sarkozy et du régime au *modèle inégalitaire*, au modèle des *inégalités croissantes*[1]. On me disait, et parfois parmi mes amis proches, « tu exagères ». Eux écoutaient les discours, soigneusement écrits pour entretenir l'ambiguïté. J'écoutais la musique et je voyais les actes.

Mais maintenant, au moins, c'est clair. Dans un discours à Saint-Quentin, à la fin du mois de mars 2009, l'actuel président a prononcé cette phrase : « *Une société égalitaire, c'est le contraire d'une société de liberté et de responsabilité.* » Cette phrase est apparue violente à bien des yeux qui jusqu'alors refusaient de voir. *Le Monde* en a fait son titre.

Nous sommes en France. Nous avons l'égalité dans notre devise. Et même l'égalité est la clé de voûte de la devise. Nous sommes en France et le président de la République vient nous dire, sous les applaudissements, que l'égalité c'est le contraire de la liberté et de la responsabilité. Dans quel domaine de la vie d'une société l'égalité est-elle un handicap ? Y a-t-on réfléchi ? Les contempteurs de l'égalité y ont-ils réfléchi ? Ce n'est évidemment pas, j'imagine, face à la loi. « [La loi] *doit être la même pour tous, soit qu'elle protège, soit qu'elle punisse. Tous les Citoyens étant égaux à ses yeux sont également admissibles à toutes dignités, places et emplois publics, selon leur capacité, et sans autre distinction que celle de leurs vertus et de leurs*

____

1. Notamment dans un article de la revue *Commentaire* dirigée par Jean-Claude Casanova, à l'automne 2007.

talents[1]. » Dans nos principes, il n'y a pas de passe-droits en France, malgré les décisions qui sont prises tous les jours. En tout cas, il ne devrait pas y en avoir. Il n'y a pas de castes en France, pas de clans qui conduiraient à des privilèges, des avantages, des emplois publics, des dignités. En tout cas, malgré ce qu'on voit tous les jours, il ne devrait pas y en avoir. Et s'il y en a, c'est condamnable et ce sera condamné. Et s'il y a dérive, ce qu'il faut, c'est la corriger, pas l'avaliser.

L'égalité, c'est notre affaire à nous. C'est la République qui donne espoir à ceux qui n'ont ni naissance, ni protection, seulement leur part de « vertus », dont la racine veut dire courage, et leur part, petite ou grande, de talents.

Alors que veulent-ils dire, en ouvrant ainsi la guerre contre l'égalité, contre la société qui se fixe l'égalité comme règle ?

Il est un domaine de la vie, c'est vrai, dans lequel l'inégalité est la règle, et le moteur. C'est le marché. Les uns gagnent, les autres perdent. Et nul ne songe à faire grief aux premiers de gagner, ni à plaindre les seconds qui perdent. C'est le monde de la concurrence. Pour les tenants de ce modèle, il est temps que les lois du marché, les lois de la concurrence soient reconnues comme les lois sociales par excellence. En particulier que la richesse des uns cesse d'être mise en cause par les autres, notamment par l'impôt. Ils disent qu'ils vont remplacer le *modèle égalitaire*, fondé sur la justice et l'égalité des droits, par un *modèle inégalitaire* : l'inégalité de traitement fondée sur l'utilité sociale. Et si les riches sont riches, c'est qu'ils l'ont bien mérité, et leurs enfants, et les enfants de leurs enfants aussi.

---

1. Déclaration des Droits de l'Homme et du Citoyen, article VI.

Peuple

On concevra aisément que l'auteur de ces lignes n'est pas un « gauchiste » de stricte obédience. Il a aussi souvent été taxé de droitisme par la gauche que de gauchisme par la droite, et parfois inversement, ce qui lui a fait une belle jambe. Il est un républicain français et un démocrate français, qui a toujours pensé, naïvement sans doute, mais constamment, que les peuples avaient besoin, en même temps, de liberté et de justice. Ou, si on veut le dire autrement, de prospérité et de justice. Et d'abord qui a toujours pensé que *les peuples* existaient vraiment, qu'ils ont un destin, une histoire, une âme, si l'on accepte, même avec le sourire, les grands mots. Que les peuples sont comme des fleuves, qu'ils ont une direction, et qu'ils n'en changent pas aisément. Quelqu'un qui s'est trouvé en Pascal, en Montesquieu, en Hugo, en Péguy. Et qui s'est pour cette raison ressenti, toujours, en même temps, français et européen.

Vieux mot : républicain. Synonyme : démocrate. Peuple. Représentant du peuple. En ce sens, ils ne m'ont pas fait trop de peine, les zozos qui croyant m'attaquer m'invectivaient de « populiste ». Je m'accepte, je me revendique peuple. Et plus ça va, plus j'avance, plus j'y vois une vocation. Je suis de ce côté-là : les gens sans appuis, sans relations, sans réseaux. Les jeunes filles et les garçons qui croient qu'il y a des règles en République, et qu'elles doivent être respectées, et qu'il suffit de se former pour comprendre et pour avoir sa chance. Je suis du côté des idéalistes, et j'y tiens. Pas des idéalistes bêlants. Des idéalistes militants. Ceux qui croient que sans idéal, la vie civique ne mérite pas d'être vécue. Contre eux, ils trouvent toujours les soi-disant « pragmatiques ». Ceux qui nous empoisonnent avec la certitude que « la fin justifie les moyens ». Vieille engeance. Et qui se frottent les mains, l'air malin et satisfait. En fait, ils se vantent. Car « pragmatiques » est trop beau mot pour eux, qui veut dire qu'on se laisse guider par les réalités. Car des réalités ils connaissent peu, seulement la loi du plus fort, devant laquelle ils se plient, avec amour, l'œil bovin.

Et je me revendique modéré. Je crois même que la modération en politique est vertu. Et la sagesse aussi. Je suis un républicain modéré, pas modérément républicain. Voilà tout.

Les Français ne l'accepteront pas

On me dit : mais les Français ont voté. Ils ont participé nombreux, ils se sont passionnés. Je sais, j'y étais. Et même j'y étais, un des trois, un peu pour quelque chose.

On ajoute : leur vote légitime celui qui l'a obtenu.

En rien. Les Français ont choisi ce candidat, mais ils n'ont pas choisi ce modèle. Ils n'ont pas choisi de rendre les armes et de renoncer à leurs valeurs. Au contraire même : pour avoir leurs voix, il a fallu qu'on les abuse, à coups redoublés de citations détournées, de grand-messes à double sens, il a fallu embaucher, pour les convaincre, tous les Jaurès et tous les Blum, presque Marx et Engels. Pour les convaincre de donner leur voix à l'exact contraire de ceux qu'on invoquait.

La surexposition médiatique, la saturation médiatique, comme on a dit, et la mise en scène de la prétendue vie privée ont fait le reste.

Mais à ce détournement de leur volonté, les Français ne donneront pas durablement leur assentiment. J'écris « les Français » sans ajouter aucune étiquette, tant la mise en cause de ces principes et l'inversion de ces valeurs dépassent de beaucoup les frontières des partis. Au-dessus de ce qui est partisan, il y a notre patrimoine commun d'histoire française et de valeurs précieuses. Au-dessus de ce qui est partisan, il y a ce qui est républicain et national. Et c'est cela, ce patrimoine commun, qui est, si je ne me trompe pas, quotidiennement mis en cause.

Il ne s'agit donc pas ici de droite, ou de gauche, ni de centre, comme je l'ai affirmé dès le premier jour de cette période politique. Ce n'est pas affaire d'étiquettes. Ceux qui gouvernent aujourd'hui ne sont pas plus proches de ce que fut l'honneur de la droite française, par exemple gaulliste, qu'ils ne le sont du centre ou de la gauche.

La gauche, au sens large, ne l'acceptera pas. Bien sûr. C'est une famille républicaine. Malgré le changement de camp de plusieurs excellences, ses gènes n'accepteront pas ce qu'on tente de nous imposer.

Le centre ne l'acceptera pas. Grand courant démocratique, avec ses valeurs propres, les valeurs de l'humanisme. Tout ce que croit ce grand courant est jeté à bas, méthodiquement. C'est un courant civique, qui veut que les citoyens, la « base », comme on dit, le peuple, soient formés et informés aussi bien que les décideurs. Il aime Roosevelt, à la radio, qui explique et rassure. Il aime Mendès France en ses causeries. La démocratie ne force pas le peuple, elle le considère.

Et la démocratie ne domine pas le peuple, elle l'organise et elle le représente. Elle souhaite son organisation en corps intermédiaires, indépendants, capables de médiation. Elle veut des citoyens libres et conscients. Elle se dresse contre tout abus de pouvoir, contre tout despotisme même verni.

Et, j'en suis sûr, une partie de la droite ne l'acceptera pas non plus. Car il y a une autre droite que cette droite de domination et de rapports de forces. En tout cas, j'ai connu une autre droite. J'ai connu une droite qui ne parlait pas d'argent devant les enfants. J'ai connu une droite qui s'honorait quand il y avait dans la famille un officier ou un prêtre, bien sûr désargentés. J'ai connu une droite pour qui l'indépendance nationale était une grande chose. J'ai connu des libéraux qui réprouvaient le mélange des genres entre le pouvoir politique et le pouvoir économique, qui pourfendaient l'économie d'État, qui se battaient pour que les médias aient leur liberté, qui étaient heureux d'avoir démantelé l'ORTF, qui ferraillaient contre les concentrations, particulièrement dans la presse. J'ai connu une droite sociale qui se flattait d'avoir inventé la sécurité sociale. Je les ai connus, ceux-là, et je les ai aimés. Ils avaient leurs travers, simplistes et caricaturaux, comme les autres. Mais je les ai aimés parce qu'ils défendaient le précieux et le rare, l'ordre et l'honneur. Ils me rappelaient ce que Péguy dit magnifiquement de Corneille : « Chez Corneille, l'honneur est aimé d'amour, l'amour est honoré d'honneur. » Cette droite-là, la droite d'honneur, et d'ordre, d'une certaine manière je la défends contre elle-même, contre ce dévoiement, cette destruction, cette casse. On voudrait nous faire croire que tout cela a disparu le soir du Fouquet's. Je ne le crois pas. C'est la France et tout ressurgira de ce qui en fit l'amour, et la grandeur.

Amérique et « modèle américain »

Il y aurait du travail pour un historien. Pour un sociologue. Car c'est l'histoire d'une fascination, partagée par toute une partie de la société, notamment par une partie de ses élites, non pas pour notre modèle de société, français et européen, mais pour le modèle de société des *autres*. Le modèle des Dominants. Censément, le modèle de la plus puissante société occidentale : le modèle américain. Je pourrais, si j'avais le temps, faire la généalogie de tout cela : ce qu'il y a d'anglo-saxon dans cette histoire, les changements que ce modèle a connus ces dernières décennies. Comment l'Amérique des pionniers en est arrivée là. N'importe. Au début du XXIe siècle, l'Amérique paraissait dominer le monde, et dans nos sociétés, les dominants à leur tour se faisaient un passeport, un signe de reconnaissance, de leur familiarité et de leur fascination pour les coutumes, la langue et les codes des puissants. Et pour leurs valeurs. Et pour leurs marottes, leurs préférences, leurs tics. Et pour leur préférence inégalitaire.

Entendons-nous bien : affection pour l'Amérique, pour le peuple américain, reconnaissance, tendresse, à tout cela j'adhère sans nuance. Même en famille : mes enfants ont des cousins américains, de la *deep America*, l'Amérique profonde, l'Amérique de l'Iowa, celle dont on se moque comme bouseuse, rurale, provinciale. Particulièrement, reconnaissance venue de l'histoire : je sais, avec certitude, que sans les soldats américains, les enfants sacrifiés du peuple américain, l'Europe en général et la France en particulier auraient été réduites en esclavage, et même deux fois ! Hitler aurait définitivement dominé l'Europe dans les années 40. Et nous aurions perdu la guerre de 14-18. Car en 17, nous étions en train de succomber, les Britanniques et nous, lorsque leurs *boys* sont arrivés. Et sont morts, encore enfants, par dizaines de milliers, pour la liberté du monde, comme on disait, pour la nôtre en tout cas. Sans discussion. Et la guerre froide, la chute du mur de Berlin, la protection des pays de l'Est européen, tout cela les États-Unis d'Amérique l'ont assumé et imposé. Deux guerres, presque trois, et deux fois, presque trois fois, une main qui se tend, et cette main est salvatrice. Cela crée des liens, n'est-ce pas, de l'ineffaçable, de l'imprescriptible. Dans chacune de mes responsabilités, je n'ai jamais manqué à ce devoir intérieur de reconnaissance. Le 11 septembre 2001, et dans les mois suivants, cette reconnaissance est devenue pour moi, pour tous mes proches, plus exigeante et brûlante encore. J'ai donc voté en 2001 la participation à la coalition qui allait conduire la campagne d'Afghanistan, non pas en pensant que nous entrions dans une guerre joyeuse destinée à être gagnée (la leçon de la campagne soviétique était trop proche pour être oubliée), mais parce que la solidarité avec le peuple américain ne pouvait pas en rester aux mots : il fallait des actes pour punir les auteurs de ce crime.

À cette solidarité, les Français n'ont jamais manqué. Et moi non plus, dont la famille politique a été considérée, pendant des décennies, comme la plus *atlantiste*, comme on disait. Et qui avait bien raison de l'être ! Entre la démocratie américaine et le totalitarisme soviétique, entre Kennedy et Khrouchtchev, entre la liberté et le goulag, le choix était vite fait. Et je ne renie rien du jugement qu'alors mes prédécesseurs portaient sur l'histoire de leur temps.

Le grand basculement

Tout a basculé dans les années 80. Jusqu'alors, depuis cent cinquante ans, l'Occident tout entier, dans sa plus large étendue, disons de Los Angeles à Moscou, on comprendra que je vois large, partageait la même vision. Par prudence, je dis l'Occident. Je ne sais pas bien ce que pensaient de leur avenir l'Orient, l'immense Chine, l'Inde multiple, le Japon mystérieux. Mais je sais ce que pense l'Occident. Et d'une manière ou d'une autre, on pensait la même chose aux États-Unis et dans toute l'Europe démocratique. Et même à l'Est, de l'autre côté du rideau de fer : si les moyens étaient odieux, le fil conducteur n'était pas si éloigné.

Depuis cent cinquante ans, capitalistes ou socialistes, démocrates-chrétiens ou sociaux-démocrates, libéraux de tout poil, chacun à sa manière croyait ceci, qui était le grand Credo de l'Occident : le progrès économique allait peu à peu réduire et peut-être un jour effacer les inégalités. C'est pourquoi les sciences et les techniques étaient unanimement soutenues. Il y avait un signe égale entre progrès et lutte contre les inégalités. C'était cela la grande idéologie fondamentale de l'Occident tout entier. Et même le communisme, à sa manière, sur ce point, partageait cet acte de foi.

Bien sûr on y croyait différemment à Londres, héritiers des grands domaines d'un côté et fils de mineurs de l'autre, à New York entre immigrants, à Moscou entre bolcheviques, à Paris avec le vieil idéal républicain de l'école des blouses noires, et de l'hôpital des blouses blanches. Mais on y croyait tous. Pour les uns, c'est l'État contrôlé par une classe sociale qui prescrirait, qui obligerait à l'effacement des inégalités. Pour les autres, c'était le marché qui y conduirait tout naturellement. Pour les troisièmes, c'était la démocratie, la volonté civique, le choix des peuples et la loi. Et cela faisait les trois tribus qui ne cessaient de s'affronter pour faire l'histoire. Étatistes socialistes, libéraux, démocrates. Mais tous partageaient la même conviction : quand nous serions plus riches, le monde serait plus juste.

C'était naïf, sans doute, mais pas sans fondement. Car nous avons de concert inventé le salaire minimum, les sécurités sociales, l'assurance maladie, l'indemnisation du chômage, l'impôt pour financer et corriger les déséquilibres. C'est ainsi que nous avons fait reculer la pauvreté, en tout cas dans le grand ensemble atlantique, Amérique et Europe. C'est ainsi que nous avons fait progresser la santé, et même que nous avons espéré qu'un jour les pays pauvres pourraient trouver un avenir en rejoignant, un peu plus tôt, un peu plus tard, le modèle que nous leur proposions.

Et tout cela, sans que nous nous en rendions compte, un jour a basculé. Quelque part au tournant des années 80 du XXe siècle, la perspective a changé, sans qu'on nous en avertisse. Tout ce qui allait vers l'effacement, progressif, trop lent, mais l'effacement tout de même des inégalités, tout cela a été remis en cause et une nouvelle idéologie s'est mise à régner sur le monde globalisé : l'idéologie des *inégalités croissantes*.

Nous n'avons pas vu venir la fracture. Nous n'avons pas vu venir le coup. Les figures politiques qui ont rendu possible le grand changement de cap avaient des côtés énergiques, audacieux qui ont fait que beaucoup les ont admirés. Margaret Thatcher et Ronald Reagan, c'était frappant, n'avaient pas de doutes. Ceux qui avaient pensé leur projet ne se montraient pas. Ils inspiraient, pour quelques-uns ils écrivaient, mais leurs idées et leurs écrits demeuraient relativement confidentiels.

Pourtant c'était réellement une révolution dans les principes autour desquels se construit une société. Les plus marquants d'entre eux, les Hayek, les Friedman, sont de grands savants, prix Nobel tous les deux, dont il est téméraire de résumer la pensée. On peut cependant dire qu'ils ont tous deux remis en cause les bienfaits de l'intervention de l'État, en considérant que les décisions d'intervention étatique qui paraissaient au premier abord généreuses, bien intentionnées, avaient à long terme des conséquences négatives. Pour eux, en effet, chaque fois qu'il y a intervention, on déforme le libre jeu des forces économiques, des consommateurs, des familles et au bout du compte, on trouble l'évolution naturelle. Par exemple, lorsque l'État intervient pour sauver des entreprises dans un secteur dépassé, il empêche que s'exercent les forces de renouvellement. Si l'État n'intervient pas, avec l'argent du contribuable, les entreprises sont obligées de changer. S'il intervient, elles sont dispensées de changer. Au bout du compte, le refus du changement, le retard qu'on lui apporte trahissent en fait l'intérêt général. L'économie ne peut être valablement animée que par de libres entreprises, de libres consommateurs, de libres créateurs. Et les accidents, même les plus graves, font partie de l'histoire. La destruction, comme dit Schumpeter, est aussi une part essentielle de la création.

Mais cette pensée ne s'est pas arrêtée à la liberté. De la défense de la liberté, on est passé sans le dire à la condamnation de l'égalité.

On doit insister sur le caractère subversif et même révolutionnaire pour l'Occident de cette nouvelle idéologie antiégalitaire. L'idéal d'effacement des inégalités était en cohérence historique et philosophique avec les longs siècles de notre histoire, particulièrement avec le christianisme qui formait le fond commun de notre vision du monde.

C'est avec cette « common law » de la lutte continue contre les inégalités que le néolibéralisme a rompu. C'est un grand tournant pour l'Occident. Ce qui s'est produit là constitue un virage à l'échelle des siècles. Tout d'un coup, la pauvreté, la pénurie n'ont plus constitué le motif de scandale contre lequel il convient de lutter, les plus riches n'ont plus été regardés comme devant contribuer plus que les autres au bien commun, les disparités n'ont plus été regardées comme regrettables, même si pour certains elles étaient inévitables. Les inégalités, au contraire, ont été regardées comme la condition, inéluctable et probablement souhaitable, du dynamisme de la société. De scandale à combattre, les inégalités sont devenues la condition même du progrès. Les inégalités étaient inscrites au débit de notre société occidentale, elles sont passées au crédit.

Il y avait à cela de puissantes raisons théoriques. Des raisons sans morale, mais des raisons efficaces. Et pour les gens qui ne considèrent que l'efficacité, et l'efficacité à courte vue, le raisonnement a l'apparence du logique. Si l'on se désintéresse de la justice, et des personnes, des enfants et des vieillards, des pauvres et des malades, on peut parfaitement soutenir ce paradoxe : bien loin de servir l'avenir d'une société, la politique égalitaire la dessert. On peut soutenir que plus on s'enrichit du produit de son invention, plus on est poussé à inventer. Plus on a un intérêt immédiat en même temps que de long terme à créer une société industrielle ou de services, plus vite elle sera mise en place. Plus le bénéfice vous distinguera de la masse de vos concitoyens, plus il sera gratifiant. Plus vite et plus fortement apparaîtront les différences et les disparités entre ceux qui innovent et créent et ceux qui se contentent de suivre, plus nombreux seront ceux qui seront portés à l'effort de création.

C'est une théorie qui s'apparente d'assez près à la physique, à la mécanique des fluides. Lorsque dans un mélange liquide il y a de grandes différences de température entre les masses froides et les masses chaudes, les mouvements qui agitent ce mélange sont d'autant plus violents. À ce moment-là, au sens propre, dans cet ensemble liquide « ça bouge ». Pour qui considère que l'important est que « ça bouge », les disparités et les divergences de situation ne sont pas un méfait mais un bienfait.

Ceux-là oublient simplement que pour se survivre et se projeter dans le long terme, une communauté humaine a besoin de cohésion et de valeurs communes. L'inégalité et l'injustice menacent cette cohésion et ces valeurs communes. Et c'est pourquoi la société d'*inégalités croissantes* est aussi une société de fragilité croissante.

Le basculement de la société d'inégalités décroissantes à la société d'inégalités croissantes a été la rupture d'un mouvement engagé depuis cent cinquante ans. Le mouvement ininterrompu qui depuis un siècle et demi avait permis à l'Occident américain et européen de conjuguer efficacité et solidarité, société libre et cohésion sociale, ce mouvement a été brutalement cassé.

Croissance réelle des inégalités

Ce qui devait arriver arriva. Les inégalités, au lieu de continuer à régresser, se sont mises à progresser fortement.

Aux États-Unis, l'accroissement des inégalités a été le fait dominant de ces dernières décennies. À grands traits : au bas de la pyramide, les travailleurs pauvres sont de plus en plus nombreux ; dans le dernier quart de siècle, le prix du travail non qualifié n'a cessé de baisser en termes réels. Et en haut de la pyramide, les riches sont de plus en plus riches. Dans le dernier quart de siècle, la majeure partie du produit supplémentaire produit par la croissance américaine, la totalité de l'enrichissement du pays a été captée par les 10 % qui étaient déjà les plus riches de la population. Et le 1 % le plus favorisé s'est attribué la plus grosse part.

On sait bien quel est le mécanisme qui permet de contenir le coût du travail au niveau le plus bas possible. C'est l'immigration. On considère que l'immigration aux États-Unis a permis de faire entrer chaque année un million de nouveaux travailleurs réguliers et entre 500 000 et un million de nouveaux travailleurs irréguliers. Sur dix ans cela représente entre 15 et 20 millions de personnes dont les exigences en niveau de vie seront naturellement très inférieures à celles de la population déjà présente sur le territoire américain. Ce qui joue, c'est la loi de l'offre et de la demande. Plus nombreux seront les travailleurs disponibles pour un travail non qualifié, et plus bas sera le coût de ce travail.

L'enrichissement des plus riches est tout aussi efficace. Il passe par tous les mécanismes qui baissent les impôts directs et les droits de succession et empêchent toute redistribution. Comme le dit le milliardaire Waren Buffett, qui sait de quoi il parle : « Aux États-Unis la lutte des classes est menée par les plus riches, et ils la gagnent. »

La baisse conjointe de l'impôt direct et de l'impôt sur les successions permet à la fois l'accumulation de patrimoine dans le temps le plus court possible et la transmission de ce patrimoine, avec accumulation supplémentaire, au travers des générations. Les théoriciens libéraux avaient pourtant très tôt indiqué le risque que faisait courir à une société l'accumulation par les héritiers de richesses considérables sans cause réelle. La société s'en trouve déséquilibrée, durablement et dangereusement. L'idée, même naïve, de justifier l'enrichissement par la récompense du mérite disparaît complètement. C'est ainsi que les vrais libéraux ont depuis des décennies plaidé pour des droits de succession substantiels, de manière à empêcher l'accumulation de la rente et à valoriser le travail et le risque.

Il est vrai que ceux qui mènent cette lutte des classes au bénéfice des plus riches ont entre les mains

une arme de dissuasion décisive : la menace de délo-
calisation des contribuables. C'est d'ailleurs pourquoi ils ont sans cesse ligué leurs efforts pour
empêcher, notamment dans le cadre de l'Union
européenne, toute tentative de coordination fiscale.
Pour eux, la concurrence fiscale, le dumping fiscal
garantissent à la fois une possibilité d'évasion si le
risque apparaît de voir mise en place une fiscalité
plus contraignante, et un formidable moyen de pression sur les gouvernements atterrés par la fuite des
contribuables qui passent de l'autre côté de la fron-
tière. Concurrence fiscale, arme de combat et de dissuasion à la fois.

Les chiffres le confirment : aux États-Unis, le 1 % le
plus riche de la population possède désormais 40 %
du patrimoine national. Il en possédait seulement la
moitié à la fin des années 70. Une génération ! L'écart
de revenu entre les 10 % les plus riches et les 10 % les
plus pauvres des Américains s'est accru de près de
30 % dans le dernier quart de siècle. Et cet écart est
lui-même un des plus importants des pays compa-
rables (il est de 1 à 15 aux États-Unis – 6 000 dollars
pour les 10 % les moins fortunés en moyenne,
95 000 dollars pour les 10 % les plus favorisés
toujours en moyenne –, seulement de 1 à 5 en
France)[1].

---

1. Notons au passage que l'écart de 1 à 5 en France, qui était resté
stable – et c'est remarquable – ces dernières années, n'a pas empêché
le fossé de se creuser. Comme le font observer les économistes qui
conduisent ces études, si les revenus annuels des 10 % les plus
pauvres progressent sur une période de cinq ans de 1 000 euros, et que
l'écart de 1 à 5 ne bouge pas, cela signifie que les revenus des plus
favorisées ont progressé de 5 000 euros sur la même période. L'écart
s'est donc accru de 4 000 euros.

Nous avions, nous Français, notre projet de société, et ce projet était en confrontation avec le projet américain. On le voit clairement si l'on examine l'état de la pauvreté, notamment la pauvreté des enfants. Le nombre d'enfants qui vivent au-dessous du seuil de pauvreté[1] est en France de 7 %. C'est trop bien sûr. Cela signifie cependant que 93 % des enfants sont relativement à l'abri de la pauvreté. Aux États-Unis, ce sont 22 % des enfants qui vivent au-dessous du seuil de pauvreté. À lui seul cet écart, 7 % contre 22 %, trois fois plus d'enfants en situation de pauvreté, marque le véritable contraste entre les projets de société des uns et des autres.

Et il s'agit bien d'un projet de société, et non pas de la différence héritée de l'histoire entre ancien et nouveau continent. En effet, la société britannique qui a adopté peu ou prou le même modèle souffre exactement de la même manière : le taux d'enfants au-dessous du seuil de pauvreté y est de quelque 18 %, et il a doublé en vingt ans. Il y a là une signification indiscutable : dans ce modèle de société néolibéral, ou paléo-libéral comme il vaudrait mieux dire, les inégalités sont la règle.

Les inégalités conduisent à la crise

Une société matérialiste dans laquelle les inégalités ne cessent de se renforcer n'est pas viable. On pourrait dire qu'elle n'est pas durable. Les uns ont de plus en plus d'argent à placer dont ils attendent des rendements de

---

1. Le seuil de pauvreté est fixé, par membre de la famille, à la moitié du revenu médian du pays considéré. Le revenu médian, assez peu sensible aux évolutions brutales, est la ligne qui sépare les revenus de la moitié supérieure du pays de ceux de la moitié inférieure du pays. Pour notre pays, ce seuil de pauvreté est de quelque 650 euros par mois.

plus en plus forts. Les autres manquent de tout dans une société où l'écran de télévision célèbre à longueur de journée la consommation et le luxe. L'argent des premiers cherche à se placer avec intérêts maximaux. Les seconds n'ont qu'une issue pour participer autant qu'ils le peuvent à la frénésie matérialiste : emprunter. Et comme leur solvabilité est fragile, la banque qui place l'argent des plus favorisés leur consent cet emprunt à des taux de risque, c'est-à-dire des taux très hauts. Plus grave encore, la banque doit absolument prêter pour valoriser les dépôts si abondants. Elle recherche donc ces emprunteurs sans défense, elle les séduit, elle fait miroiter à leurs yeux les biens de consommation les plus attrayants. Le commerce de l'argent est un commerce agressif. Et ses cibles sont pieds et poings liés entre les mains des prêteurs.

D'autant qu'il existe un gage : ce gage, ce sont les maisons, dont, sous la pression d'une création monétaire de plus en plus abondante, les prix ne cessent de monter. C'est le crédit immobilier hypothécaire. Ce sont les « subprimes », que Nicolas Sarkozy candidat nous promettait d'introduire en France lors de la dernière campagne présidentielle : « *Les ménages français sont aujourd'hui les moins endettés d'Europe. Or, une économie qui ne s'endette pas suffisamment, c'est une économie qui ne croit pas en l'avenir, qui doute de ses atouts, qui a peur du lendemain. C'est pour cette raison que je souhaite développer le crédit hypothécaire pour les ménages… Je propose que ceux qui ont des rémunérations modestes puissent garantir leur emprunt par la valeur de leur logement. Il faut réformer le crédit hypothécaire. Si le recours à l'hypothèque était plus facile, les banques se focaliseraient moins sur la capacité person-*

nelle de remboursement de l'emprunteur et plus sur la valeur du bien hypothéqué. »

La crise n'est pas venue par hasard. Elle n'est pas née n'importe où. La crise est le résultat d'une dérive, celle du modèle inégalitaire, dans lequel la plus grande partie du peuple voit ses revenus baisser sur la longue période, tandis que le plus petit nombre s'enivre de millions. La crise naît d'une bulle, et la bulle, ce sont les inégalités.

Le financier sans le savetier

Faire de l'argent le plus vite possible, subir le moins de prélèvements possible, et le transmettre sans altération à ses descendants, c'est le projet individualiste qui domine le système. C'est ainsi que l'enfant chéri de la société dominante a été pendant ces décennies le financier. Qui dira le nombre de discours qu'on nous a assénés pendant des années, nous expliquant que les plus brillants des jeunes Français partaient à l'étranger, généralement à Londres, que trains et avions étaient remplis de la substance vive du pays, que s'enfuyait par là notre matière grise ? En réalité, dans la plupart des disciplines scientifiques et des formations professionnelles, le phénomène était limité : il était vérifié dans un seul domaine d'activité, le secteur de la finance. Les mathématiciens issus des grandes écoles scientifiques, aussi bien que les élèves des écoles de commerce, étaient « chassés » par les grandes banques, les uns pour concevoir des modèles mathématiques de plus en plus élaborés et aventurés, les autres pour les vendre, comme commerciaux, ou pour les mettre en œuvre en tant que traders, de la manière la plus profitable possible.

Aujourd'hui ce sont des billets retour que l'on achète, puisque la bulle a éclaté, ramenant brutalement à la réalité jeunes et moins jeunes coureurs d'eldorado.

Tel était donc le débat au moment de l'élection présidentielle de 2007 en France : le modèle américain, celui des inégalités croissantes, dominait le monde. Le modèle républicain français, qui veut lutter contre les inégalités, ou le modèle européen d'économie sociale de marché, qui lui est proche, étaient en situation de résistance. Fallait-il abandonner notre modèle ou au contraire le renforcer ? Baisser pavillon ou au contraire hisser les couleurs ? Le chemin, j'en suis persuadé, que souhaitaient les Français, c'était celui de la sauvegarde du modèle républicain, avec correction de ses faiblesses. Ce que les Français voulaient, c'était non pas ruiner notre modèle, mais l'enrichir, en conserver les principes, tout en y faisant progresser créativité et capacité de réaction.

C'est le contraire qui a été fait. La « rupture » a été proposée aux Français comme l'alpha et l'oméga de l'action politique qu'ils devaient désormais accepter et conduire. La « rupture », c'est-à-dire l'abandon du modèle français, l'oubli du modèle européen, l'adoption du modèle américain.

La politique inégalitaire en France

Dès l'installation du nouveau gouvernement, le pouvoir s'applique à fixer dans la loi les recettes mêmes de sa référence.

Le « bouclier fiscal » est voté dès les premières semaines. Il protège les revenus les plus hauts de la conjugaison menaçante de l'impôt sur le revenu et de l'impôt sur la fortune. Les derniers chiffres connus montrent que parmi les 35 000 bénéficiaires de ce bouclier fiscal, mille parmi eux auront bénéficié de reversements supérieurs à 350 000 euros chacun.

Dans la même période, les droits de succession qui s'attachaient aux patrimoines importants sont pour ainsi dire supprimés.

Symétriquement, les moins favorisés sont l'objet de prélèvements supplémentaires. Des franchises médicales sont instituées, ou renforcées, selon un principe inédit qui consiste à faire jouer la solidarité non pas du bien portant au malade, mais du malade au malade. Circonstance aggravante et mensonge caractérisé, on prétend que ces franchises seront affectées à la recherche contre des maladies redoutées, sida, cancer et Alzheimer. En réalité, bien entendu, il n'y aura pas de ligne budgétaire réservée à cette recherche, et les sommes en question viendront se déverser dans le budget général de l'assurance-maladie.

Des taxes nouvelles sont créées, par exemple taxe d'un milliard sur les compagnies d'assurances et les mutuelles, dont, au bout de la chaîne, les assurés assumeront le coût. Les fiscalistes décomptent douze prélèvements supplémentaires, tous à la charge des classes moyennes.

Quand vient le financement du RSA, on crée un prélèvement nouveau sur le patrimoine. 1,1 % supplémentaire sur les revenus de l'épargne. Au début, l'idée paraît séduisante à beaucoup. Jusqu'au jour où on s'avise que ce prélèvement supplémentaire s'imposera à tous… sauf aux bénéficiaires du bouclier fiscal, et donc aux plus fortunés. Un impôt pour financer la solidarité, assumé par tous, à la seule exception des plus riches !

Il convient aussi de s'attaquer aux « profiteurs » de tout poil. Par exemple aux veuves qui sont restées au foyer pour élever des enfants pendant que leur mari travaillait. Le mari disparu, elles n'ayant pas cotisé, on leur avait accordé le modeste avantage d'une demi-part fiscale supplémentaire. Le montant moyen de ce signe de reconnaissance culminait à quelque 400 euros par an. Il fallut de toute urgence le supprimer. Autre exemple : le congé parental permettait à des parents de jeunes enfants, à des mères de famille la plupart du temps, de s'occuper de leur bébé pendant trois ans en recevant une allocation de l'ordre de 500 euros par mois. Un pactole. Il a fallu d'urgence annoncer sa suppression, en affirmant de surcroît que cette décision était évidemment prise pour leur rendre service. L'injustice est plus violente quand elle cherche à se cacher sous des raisons moralisantes.

Des inégalités croissantes dans l'entreprise

Le sujet devient brûlant, en France, bien sûr, mais aussi dans tous les pays développés. Il ne se passe pas de jour sans que se découvrent des abus, de plus en plus choquants, de plus en plus mal supportés, à l'intérieur de l'entreprise et particulièrement des grandes entreprises, y compris lorsque la crise les a conduites à demander l'aide de l'État. Hier, on vantait les entreprises citoyennes : aujourd'hui, on constate les dégâts sur le pacte social. Car l'entreprise est en elle-même une société qui devrait reposer sur un pacte de justice, de saine répartition des responsabilités et des revenus. Les salariés, les dirigeants, les actionnaires, tous ont leur signature au bas de ce pacte.

Ce pacte est rompu. Les dirigeants d'entreprise dont le rôle est d'être les représentants de l'intérêt général de l'entreprise, c'est-à-dire aussi bien des actionnaires que des salariés, ont été dévoyés de ce rôle. Les « managers » ont été inéluctablement entraînés du côté des actionnaires. Il a suffi, c'était rustique, brut de décoffrage, de faire de la valeur de l'action le principal indice des rémunérations exceptionnelles des cadres dirigeants. La plus-value des stock-options généreusement distribuées est indexée sur le cours de la Bourse. De colossales fortunes s'établissent en quelques années. Le gouffre entre les rémunérations des salariés et celles des managers indexées sur la Bourse s'est élargi sans mesure. Les chiffres qui sont avancés impressionnent : on considérait il y a quelques années que l'écart maximum des salaires dans l'entreprise française était de 1 à 40 ; aujourd'hui, on évoque 1 à 500. Mais si l'on accepte de considérer la totalité des revenus réels (stock-options, bonus, retraites garanties, parachutes), alors on peut avoir des multiplicateurs encore plus impressionnants, et plus choquants.

Le pacte social repose tout entier sur un sentiment partagé de justice. C'est vrai dans la société, et c'est vrai dans l'entreprise. Ces déséquilibres, qui transforment les dirigeants en mercenaires des actionnaires, et non, comme ils le devraient, en défenseurs de l'avenir de l'entreprise, en fédérateurs des actionnaires et des salariés, sont destructeurs.

Tant que la loi, comme elle le fait depuis l'installation du pouvoir actuel, protégera et favorisera le creusement des inégalités, les dégâts vont s'accroître. Le pouvoir devrait se méfier : ce sont des choses lourdes avec lesquelles il est en train de jouer. Tant que tout va bien, une telle idéologie est immorale. Quand tout va mal, elle devient dangereuse.

Faire triompher la logique de marché

Ce n'est pas un hasard, c'est une idéologie, théorisée, codifiée. C'est une école de pensée qui déferle sur le monde depuis deux décennies. Il faut lire ses sommes, ses manifestes, pour en comprendre la logique. Les *services publics* sont sa première cible. À la fin des Trente Glorieuses est apparu un courant de pensée que l'on a, par la suite, appelé *New Public Management,* que les professeurs de sciences politiques spécialisés nomment le NPM. Il faudrait traduire par Nouvelle Gestion Publique. Les deux lignes directrices retenues sont la réduction des activités du secteur public (*minimisation*) et l'introduction dans le secteur public des mécanismes du marché (*marketisation*).

Le livre-programme[1] de ce mouvement affirme sans ambages qu'il s'agit d'introduire les mécanismes de marché, et le premier d'entre eux, la concurrence, *competition,* au sein du secteur public, soit par la mise en compétition de services publics et d'organismes privés, soit par la création de nouvelles rivalités à l'intérieur même des institutions publiques. L'évaluation devra se faire par la systématisation de la mesure quantitative et le recours à des indices numériques de performance. Enfin on imposera partout le règne du « management », de nouvelles pratiques de gestion du personnel fondées en par-

____

1. David Osborne et Ted Gaebler, *Reinventing Government, How the Entrepeneurial Spirit is Transforming the Public Sector*, 1992.

ticulier sur la rémunération au « mérite », c'est-à-dire à la performance individuelle appréciée par les gestionnaires.

C'est l'introduction généralisée de la concurrence, considérée comme le seul agent de progrès du service public, à l'intérieur du service et à l'extérieur de ce service qui en fait le fil conducteur. Concurrence et compétition entre agents, concurrence et compétition à l'extérieur du service public : négation définitive qu'il puisse y avoir une différence de vocation entre le marché et le service public, y compris l'école et la santé : *« Quand les fournisseurs de service sont obligés d'entrer en compétition, ils baissent leurs coûts, répondent rapidement aux demandes de changement, et luttent puissamment pour satisfaire les clients*[1]. »

Le monopole le plus directement ciblé est celui de l'école publique. C'est vrai à la fois pour le choix de l'institution où les parents voudront scolariser leur enfant, et l'invitation faite aux institutions scolaires de se gérer de manière autonome, de se mettre en concurrence pour le recrutement des élèves ou des étudiants et pour la recherche de fonds. *« La vraie compétition signifie compétition à la fois pour les étudiants et pour les ressources*[2]. » On comprend dès lors pourquoi la mesure la plus urgente, même si on a découvert sans surprise qu'elle était inefficace et socialement injuste, était le démantèlement de la carte scolaire. Et on comprend quelle est la logique de la loi qui invite les universités à rechercher elles-mêmes leurs propres fonds.

------

1. *« When service providers must compete, they keep their costs down, respond quickly to changing demands, and strive mightily to satisfy their costumers »*, *op. cit.*, p. 79.

2. *« True competition means competition for students and funds »*, *ibid.*, p. 103.

La concurrence, pour ce courant de pensée, produit automatiquement l'amélioration des systèmes en compétition. Ainsi des écoles soumises à la nécessité de gagner le cœur des parents, de s'attirer le plus de fonds et les meilleurs élèves, découvriront-elles le besoin et les moyens de se transformer et de s'améliorer : « *Seule la compétition peut créer la motivation nécessaire pour que* toutes *les écoles s'améliorent – parce que seule la compétition pour les clients crée des conséquences réelles et une vraie pression pour obtenir le changement*[1]*… »*

Inégalité croissante ? Les auteurs reconnaissent – comment pourraient-ils le nier ? – qu'en effet ce système est inégalitaire. Mais ils affirment que les écoles les moins cotées seront elles aussi obligées de changer et qu'en ce sens le système sera plus *équitable*. Qu'on veuille bien s'arrêter une seconde à cette affirmation. La mise en compétition des services publics, des écoles par exemple, exige que chacun des établissements ait la liberté de recruter ses enseignants, de les organiser comme il l'entend, de mieux les payer pour attirer les meilleurs. Qui ne voit qu'il y a là une spirale ? Les établissements les mieux cotés recruteront les meilleurs enseignants, dans les meilleurs quartiers, puisqu'ils recevront les élèves des milieux culturellement et socialement, et même géographiquement, les plus favorisés. Les moins bien cotés accumuleront les difficultés, élèves issus de milieux sociaux fragiles, professeurs dont les autres n'auront pas voulu, financements déficients. L'inégalité produit l'inégalité, et non pas l'amélioration parallèle du sort de tous.

---

1. « *Only competition can motivate* all *schools to improve – because only competition for customers create real consequences and real pressure for change… »*, *ibid.*, p. 96.

Équité. Nous avons tous employé le mot dans le sens de justice, sans voir qu'on le confisquait dans un tout autre sens. Équité, pour cette école de pensée, c'est le paravent de l'acceptation des inégalités, considérées comme moteur du progrès de la société. Il faut seulement que les inégalités soient « acceptables ».

C'est ainsi que nous nous sommes fait cocufier, nous France. Nous en étions bêtement restés à *liberté, égalité, fraternité*. À l'égalité comme clé de voûte. À l'aspiration égalitaire comme contrat social, comme condition à la fraternité. Car, dans le dialogue des trois vertus, chacune tient l'autre. Tu ne peux être fraternel qu'avec un égal, et il ne saurait y avoir d'égalité sans liberté. De sorte que la devise républicaine n'est pas seulement une énumération, c'est une dynamique : la liberté conduit à l'égalité et l'égalité à la fraternité. Voilà ce que cette idéologie a décidé de briser avec le culte de la concurrence généralisée. Et c'est pourquoi, désormais, il n'est plus question d'égalité. À peine parfois d'égalité des chances, jamais d'égalité des droits, d'égalité devant l'école, d'égalité des diplômes.

Et nous, de bonne foi, tout un pays, tout un peuple de citoyens, nous nous sommes laissé balader dans l'analyse de la démarche égalitaire. « Donner la même chose au pauvre et au riche, d'une certaine manière, n'est-ce pas trahir ? » Ça paraissait crever les yeux. Mais nous n'avions pas vu que ce qui était cherché, ce n'était pas de donner plus à ceux qui ont le plus besoin. C'était de donner plus à ceux qui ont plus. Au nom de la dynamique de la société, pour la faire marcher plus vite. En baptisant les uns locomotives et les autres wagons, et plus la locomotive sera puissante, plus les wagons seront entraînés. On connaît ces métaphores, n'est-ce pas ? Mensonges ! La société n'est pas un train : les uns ne sont pas passifs et les autres actifs. Vous avez menti, à tout le monde, tout le temps. Ce que vous vouliez, ce n'était pas l'équité, comme vous disiez, c'était rendre l'inégalité acceptable pour tous les pauvres bougres qui n'y verraient que du feu.

La preuve ? Elle est écrite. Et écrite depuis longtemps. C'est une politique signée.

En 1994, Édouard Balladur avait confié à Alain Minc un rapport dont le sujet était *La France de l'an 2000*. On court toujours en France après l'ombre du rapport Rueff-Armand demandé par de Gaulle au début des années 60 pour diagnostiquer les changements nécessaires au progrès économique du pays... Me fascinent toujours les politiques qui, par une étrange ou trop lucide répartition des rôles, confient à des « professionnels » de l'intellect le soin de réfléchir. Comme si l'essence du politique n'était pas dans la réflexion. Faire de la réflexion une spécialité d'intellectuels, c'est enfermer l'action politique dans l'activisme. Une politique se conçoit autant qu'elle se met en œuvre. Et même elle se mettra en œuvre d'autant mieux qu'elle aura été pensée par ses auteurs. C'est le même effort, c'est le même travail.

Tout l'objet du rapport Minc, déjà, il y a quinze ans, était de disqualifier l'*égalité* pour lui substituer l'*équité*. C'est-à-dire, en fait, de consacrer l'inégalité comme moteur de la société de compétition. Le rapport avait été emporté par les vagues de l'élection présidentielle de 1995, et par les sarcasmes de Jacques Chirac à l'égard de la *pensée unique* incarnée par Minc. « Vous avez Minc ? Gardez-le... »

Mais le texte dit beaucoup de ce que nous sommes en train de vivre : « Une société dynamique, en forte croissance, et offrant des espoirs de progrès individuel, pourra sans doute davantage tolérer d'inégalités qu'une société dont l'économie croît moins vite... [il faut donc] <u>trouver le niveau d'inégalités nécessaires pour assurer le dynamisme de l'économie[1]</u>... »

C'est cela qui est en marche. C'est cela qu'ils nous imposent sans l'avoir jamais dit (et pour cause : les Français ne l'auraient pas accepté) : faire basculer la France qui était du côté de l'égalité, imparfaitement, insuffisamment, mais toujours de ce côté, école, santé, aménagement du territoire, services publics, la faire basculer du côté de l'*inégalité nécessaire* pour assurer, puisque c'est leur thèse, le *dynamisme de l'économie.*

Il y a quelques mois encore, ce projet pouvait être soutenu. Il pouvait choquer, révolter, s'il se trouvait découvert. Il pouvait faire débat et levée de boucliers, puisqu'il entrait si profondément en contradiction avec notre histoire et notre conviction républicaines. Mais au moins pouvait-on avancer sans rougir des éléments pour sa défense. Mais aujourd'hui !... Ce modèle de priorité à la finance, d'inégalités galopantes, a tout saccagé, des dizaines de millions de vies, des milliers de milliards de dollars, paupérisé la société américaine, ruiné son économie, et presque la nôtre, et on vient encore nous proposer de rejoindre les inventeurs de cet enfer dans la géhenne où ils gémissent...

C'est le moment de lever les couleurs, de dire haut et fort que notre projet de société, le projet de notre histoire, celui des républicains français, des démocrates français, vaut mieux que le leur. C'est le moment de cesser de battre en retraite. Bataille de la Marne, taxis

______

1. C'est moi qui souligne, s'il est besoin de souligner...

de la Marne. C'est le moment de leur dire que « nous n'avons pas les mêmes valeurs », comme dit la pub.

Parce qu'il y a une armée de gens nécessaires à notre société, à notre progrès, à notre avancée collective, dont l'engagement, dont la vocation ne relèvent pas de la concurrence et qui ne veulent pas de l'accroissement des inégalités. Une infirmière n'est pas en compétition avec une autre infirmière ; un médecin n'est pas en compétition avec un autre médecin, en émulation quelquefois, mais il ne veut pas être payé au détriment de l'autre ; un prof, je l'affirme, n'est pas en compétition avec un autre prof. Ils savent tous la difficulté du travail. Et ils doutent du salaire au prétendu mérite. Qui va déterminer le mérite d'un professeur ? Tous, nous avons en mémoire des professeurs précieux qui étaient tellement mal vus de leur hiérarchie. Vous croyez qu'être bien vu, qu'être conforme aux désirs de l'administration, c'est une certitude de qualité de science et de qualité d'être ?

C'est pourquoi l'idéologie managériale qui fait en toutes choses passer la gestion *avant* la mission est une offense faite à la France. Demandez aux hospitaliers de toute discipline. Nous avions réussi, après bien des réflexions, à construire un hôpital dans lequel la démarche médicale et la démarche gestionnaire étaient désormais associées. Cette loi n'était même pas encore appliquée qu'on vient de la jeter à bas : désormais, foin des médecins, foin aussi des élus qui représentaient la population, toute l'autorité sera aux gestionnaires eux-mêmes dépendant d'autorités étatiques qui leur fixeront des quotas de performance. Démarche *managériale*, dit-on : l'exigence financière et l'organisation de la concurrence vont enfin triompher.

Pour eux le marché est le bienfait ultime ! Cette vision, dans les services publics, est un échec. La concurrence dans les services publics est un dogme duquel je n'ai jamais été bien croyant, mais dont je suis devenu athée. Croit-on qu'on ait gagné au change à avoir cinq ou six opérateurs de renseignement téléphonique, dont on ignore tout ? Pour qui, pour quoi, pour quel gain ?

On est en train de nous réduire, nous citoyens, à des consommateurs, à des clients. Nous nous reconnaissons usagers des services publics, à l'école, à l'hôpital, mais nous ne nous voyons pas comme des clients. Et après tout, si on nous pousse dans nos retranchements, nous aimerions mieux en revenir au temps où l'on n'attendait pas vingt minutes au téléphone pour signaler une panne et s'entendre répondre que nous n'avons pas, en appuyant sur la touche 3, puis sur la touche 5, contacté le bon service. Nous voulons appuyer sur la touche 0, puisqu'ils aiment tant l'évaluation par les clients, et les renvoyer à leur néant.

Nous voulons une société où le marchand soit à sa place, qui n'est pas négligeable, mais qui n'est pas universelle. Et nous voulons qu'on respecte ce qui n'est pas marchand. Et nous voulons croire à l'égalité, un jour, des citoyens, devant la loi, devant l'école, devant la santé.

Nous prétendons que les services publics doivent répondre à une exigence publique, définie par la loi et le débat démocratique, évaluée, bien sûr, dans ses résultats. Mais nous ne voulons pas qu'on réduise cette mission de services à la *marketisation*, comme ils disent.

Chapitre VI

L'idéologie argent

Au commencement, il y a leur culte de l'argent. Le veau d'or autour duquel ils ronronnent. Si fort et depuis si longtemps, qu'ils ne s'en rendent même plus compte.

En octobre 2007, Nicolas Sarkozy fait Antoine Bernheim, un des grands parrains du monde des affaires, grand-croix de la Légion d'honneur. À cette occasion, il reprend une idée qu'il a formulée cent fois : cette nomination si rare, qui ne fut accordée qu'à soixante-quinze personnes, toutes serviteurs de l'État, grande première donc pour un homme d'affaires, était un signe, un de plus, pour que notre pays puisse « régler ses comptes vis-à-vis de l'argent, pour les régler vis-à-vis de la réussite ». « Je veux réconcilier la France avec l'argent, parce que l'argent c'est la réussite », dit-il habituellement.

Présence obsédante de l'argent dans la vision du monde de l'actuel président de la République. Présence de l'argent pour lui-même. À ceux qui le visitent à l'Élysée, Nicolas Sarkozy a fait souvent cette déclaration : « Tu sais, vous savez, je ne suis pas sûr de me représenter. J'ai d'autres choses à faire dans la vie.

Après, en tout cas, je ferai de l'argent : du *gros* argent. » Le gros argent. Je ne sais pas ce qu'un psychanalyste dirait de cette formule...

« Tu es riche, tu as une belle maison, tu as fait fortune. Peut-être plus tard y parviendrai-je moi-même... C'est la France que j'aime », s'enthousiasme Nicolas Sarkozy en décorant Stéphane Richard, directeur de cabinet de Christine Lagarde qui, en quelques mois, s'est enrichi de plusieurs dizaines de millions d'euros dans l'opération Nexity.

À mes yeux, cette équation, argent égale réussite, est une gifle pour l'idée que la France se fait de sa société. On peut dire bien des choses de l'argent, et d'abord qu'il en faut pour vivre. Et que c'est mieux si on en a un peu, qu'on se sent l'esprit plus libre. On peut dire bien des choses de l'économie si on est un homme public : on veut des entreprises qui marchent, on veut de la croissance, on veut des avantages sociaux. Et tout cela, c'est vrai, a quelque chose à voir avec l'argent. Mais on ne *peut* pas dire que l'argent c'est la réussite. On ne peut pas avoir cette impudeur.

La réussite que la France a honorée tout au long de son histoire, et la République aussi, n'était pas liée à l'argent. Nous, France, nous aimons les serviteurs de l'État : aussi grands qu'ils soient, ils gagnent moins, toujours, beaucoup moins la plupart du temps, qu'un cadre du privé. La méritocratie républicaine passait par une reconnaissance, par des titres, parfois par des honneurs, mais elle ne passait pas par l'argent. Et ça continue. C'est même encore plus frappant aujourd'hui où le professeur est confronté au trader... Je parlais l'autre jour avec un de mes jeunes amis : fils du peuple, reçu à l'École normale supérieure, agrégé, et même pour faire bonne mesure major de l'agrégation, docteur, maître de conférences à l'université, depuis dix ans. Si réussite universitaire il y a, ce sont des visages et des parcours comme ceux-là. Si réussite républicaine il y a, en voilà une. Au passage, incidemment, je lui demandai combien il gagnait : 2 250 euros par mois... Et il n'y a pas de treizième mois dans la fonction publique. Il se trouve que j'avais fait la même enquête auprès de jeunes avocats du même âge dans de grands cabinets : plusieurs gagnaient entre 25 000 et 50 000 euros mensuels. Si je ne me trompe pas, le rapport entre le salaire de l'un et le revenu des autres est de un à vingt. Je ne peux pas accepter que le président de la République française laisse entendre que les uns ont réussi leur vie et l'autre pas.

L'argent est maître partout, soit. Mais il ne doit pas être maître en France.

En France, dans la vie du pays, nous honorons d'autres biens que les biens matériels. Nous honorons d'autres verbes que le verbe avoir. Ce n'est pas au compte en banque que nous mesurons la réussite. Nous estimons les chercheurs et nous savons bien que nous ne pouvons pas les payer à leur juste valeur. Nous respectons les professeurs. Nous aimons les infirmières. Nous célébrons les philosophes, et l'on sait bien que la philosophie, ce n'est pas le plus court chemin vers la fortune. Nous admirons les artistes, et souvent ils crèvent la dalle. Nous honorons ceux qui servent les pauvres et acceptent d'être pauvres eux-mêmes. Nous fêtons Emmaüs et que je sache ils ne roulent pas sur l'or. Nous saluons les prêtres, et ils ne gagnent pas le Smic. Et les paysans, celui qui avec son troupeau, les années mauvaises, c'est-à-dire les années ordinaires, dégage les 700 ou 800 euros mensuels qui le tiendront debout, lui et les siens... Et les créateurs d'entreprise, et les artisans, et les patrons de PME, qui tirent parfois le diable par la queue, et qui font vivre tout un pays. Tous ceux-là, qui oserait prétendre que parce qu'ils n'ont pas atteint la réussite matérielle, leur vie est manquée ?

Et ma mère, avec sa retraite de 638 euros par mois, comme toutes les femmes de paysans de son temps, elle a raté sa vie ?

Je refuse l'équation de Nicolas Sarkozy. Je refuse de mettre un signe égale entre argent et réussite. Je vais même plus loin : je peux imaginer qu'un jour de défaite tout le monde, même en France, accepte peu ou prou l'idée que l'argent signe la réussite. Je veux bien l'envisager, pour l'hypothèse. Tout le monde peut se rendre. Tout le monde peut craquer. Tout le monde, sauf une personne en France : le président de la République.

Le seul endroit, la seule fonction, le seul magistère, la seule magistrature où l'on n'a pas le droit de prononcer cette phrase, où il est interdit de la penser sous peine de profanation, sous peine de forfaiture, c'est la présidence de notre pays.

Et c'est ainsi que tous ceux qui ont eu cette charge et honoré cette fonction se sont comportés. Tous, jusqu'en 2007. De Gaulle renvoyait l'argent et le capitalisme à leur insignifiance, « la politique de la France ne se fait pas à la corbeille ». Giscard les regardait de haut, question de naissance. Mitterrand se souvenait du « mur de l'argent ». Chirac les connaissait, mais se tenait prudemment à distance, au moins publiquement.

Aucun d'entre eux n'aurait pu formuler l'impudique équation.

C'est Séguéla qui a traduit le mieux la pensée sarko-
zyenne. « On brocarde Nicolas sur les Rolex. C'est
n'importe quoi. Car, quoi, quelqu'un qui n'a pas de
Rolex à cinquante ans, il a quand même un peu raté sa
vie… » On croit que c'est une outrance. C'est juste de
la franchise. La fin de l'hypocrisie qu'on célèbre si souvent à l'Élysée depuis 2007. C'est exactement la même
formule : si l'argent égale réussite, absence de Rolex à
cinquante ans égale vie ratée. Réussite, ratage : ils n'y
voient que l'argent et ils lui rendent les honneurs dus à
son rang.

Nous, nous sommes fiers au contraire d'être d'un
pays, d'une histoire, quand bien même nous serions
les seuls au monde, chez qui l'argent ne passe pas en
premier. Chez nous, on ne lui cède pas le haut du
pavé. On n'enlève pas son chapeau. On le met à sa
place qui n'est pas la première. Et ça nous rend fiers de
nous. Nous avons l'impression que nous n'avons pas
perdu notre temps dans l'histoire, depuis que nous faisons France, et que nous résistons, aux Empires, à la
force, à la brutalité, et donc à l'argent qui les résume et
les fait vivre.

Le travail du dimanche

Révélateur de cette volonté de marchandisation de
la société : l'ouverture des commerces le dimanche sur
tout le territoire de la France.

C'est une obsession de Nicolas Sarkozy, depuis
des années, que de mettre un terme à la situation,
« archaïque », dit-il, d'un pays qui, un jour par semaine,
le dimanche, interrompt son activité commerciale, dans

toutes les villes ou à peu près. Il n'est pas le seul. Certains s'agacent de l'origine chrétienne de cette habitude. D'autres s'exaspèrent d'être empêchés de faire des courses ce jour-là. Les troisièmes y voient une possibilité de réaliser un chiffre d'affaires supplémentaire.

En réalité, c'est une question hautement idéologique. Peut-être même philosophique. Le commerce est-il la norme de toute activité humaine ? Ou bien la vie des hommes est-elle, pour une part, et une part essentielle, non marchande ?

Dans le premier cas, on commerce le dimanche comme les autres jours, et chacun choisit de fréquenter ou pas les commerces.

Dans l'autre choix, on met une partie de la vie commune résolument à l'abri de l'activité marchande, considérant qu'il est bon de rappeler à tous, notamment aux enfants, que vendre et acheter ce n'est pas toute la vie.

Bien sûr, cette vision du monde vient de notre héritage religieux. Mais c'est un choix de civilisation. C'est le peuple juif qui a inventé le shabbat. Le livre de l'Exode dit que le septième jour, il est interdit de travailler, « ni ta femme, ni ton esclave, ni ton bœuf, ni ton âne... ». Toute la maison doit s'arrêter. Chose passionnante : quand l'Éternel donne ainsi sa loi, il rappelle à Moïse qui il est : « Je suis celui qui suis. C'est moi qui t'ai libéré de la maison d'esclavage... » La loi n'est pas une contrainte. Ou plus exactement c'est une contrainte en vue d'une libération. Proscrire le travail en général et le commerce en particulier un jour de la semaine, c'est rappeler que nous ne sommes pas enfermables dans l'avoir, dans le posséder, dans l'acheter. C'est rappeler qu'il y a des choses qui ne s'achètent pas. Et que ces choses qui ne s'achètent pas doivent être honorées.

On dira que c'est un choix politique. C'en est un. C'est même un projet de société. C'est même un choix de civilisation. Mais l'autre en est un aussi : il faut donc choisir. L'un est *capitalisme*, entendez le mot : sa référence est le capital, sa loi est le profit. L'autre est *humanisme* : sa loi est dans la construction de l'humanité, l'émancipation par rapport au marchand. L'un est la civilisation du verbe avoir. L'autre est la civilisation du verbe être. Il faut choisir.

Sarkozy a choisi. Moi aussi. Et ce n'est pas le même choix.

Ne pas croire, camarade, que ce soit seulement affaire de curés, ou de philosophes. C'est une affaire gravement sociale, une affaire de classe. Parce que je sais très bien, à l'avance, qui baguenaudera, shoppinguera, de boutique en boutique, avec les enfants, s'il en a, et qui se trouvera derrière le comptoir, avec ses enfants à la maison tout seuls ou chez la nounou.

Ceux qui ont les moyens feront les vitrines. Et ceux, plus souvent celles, qui ne peuvent pas faire autrement laisseront leurs enfants à la maison.

Parce que ce jour-là, les enfants ne seront pas à l'école, à moins qu'on envisage aussi de mettre un terme au repos dominical dans l'Éducation nationale. Affaire de classe !

Alors on nous dira que les vendeuses sont libres, que c'est le libre choix, qu'elles seront ce jour-là payées double. Je ne crois rien de ce catéchisme. Les vendeuses ne seront pas libres, d'autant moins si elles sont payées double. Quand on n'a pas d'autre possibilité de travail, qu'on élève seule des enfants, on est bien obligée d'en passer par le contrat du patron. Et elles ne seront pas davantage payées double. Il se trouvera quelque référence à des conventions collectives, des accords de branche, dans la distribution, par exemple, qui établiront des règles subtiles qui feront qu'au bout du compte on se retrouvera avec des primes mineures.

Nous ne sommes pas nés, et les vendeuses non plus, de la dernière pluie. Il y a quelques semaines, je suis allé passer la journée dans un grand magasin du Nord : pas un de ceux qui ont mauvaise réputation, au contraire, et le climat social m'y est apparu plutôt meilleur qu'ailleurs. De rayon en rayon, et je les ai presque tous parcourus, la question du travail du dimanche était abordée. Les vendeuses faisaient des remarques dubitatives sans plus. Mais à chaque rayon, dès que les responsables du magasin avaient pris une autre allée, les vendeuses couraient me tirer par la manche : « Surtout ne les laissez pas faire ça, nous on ne peut rien dire, mais ne les laissez pas faire. » À chaque rayon. C'était d'autant plus surprenant, ce sentiment, que c'était une affaire de « eux » contre « nous », que la direction du magasin m'avait longuement expliqué que c'était une mesure qu'elle ne demandait pas. Que naturellement si les autres ouvraient, ils seraient sans doute obligés d'en faire autant. Mais qu'ils n'étaient pas demandeurs et que cela les gênait plutôt. Mais les vendeuses, elles, me tiraient par la manche…

Quant à l'idée que cette ouverture créerait de l'activité, du chiffre d'affaires supplémentaire pour le magasin France, elle ne résiste pas à l'examen. En dehors de très rares, et très réduites, zones frontalières où quelques magasins se voient enlever des clients par des magasins concurrents ouverts dans le pays voisin, cas on le voit assez circonscrit, pour toutes les autres zones, il est une loi banale : l'argent dépensé le dimanche ne pourra plus l'être dans la semaine. Le chiffre d'affaires réalisé le dimanche, c'est autant de chiffre d'affaires en moins dans la semaine, les emplois créés le dimanche, c'est autant d'emplois en moins dans la semaine.

Et c'est l'esclavage, forcément, pour les petits commerçants. Parce que souvent c'est un couple qui tient le magasin. Tout seul, sans employés. Ceux-là, si le grand magasin voisin ouvre le dimanche, ils n'auront le choix qu'entre deux possibilités, couler, ou ouvrir. Et c'est leur seul jour de congé. Et eux aussi, leurs enfants seront à la maison.

Et tout cela pour quoi, enfin ? Qui le demande, qui se plaint ? Où est l'intérêt social de ce changement ? Qui va en profiter ? Nous avions toutes les dérogations nécessaires, pays de tourisme, dimanches de fêtes. Si quelques adaptations étaient nécessaires, le décret, le règlement, l'amendement pouvaient régler le problème. Sans déstabiliser la France.

Pour l'instant, la France ne s'est pas laissé faire. Il y a eu mobilisation, de cercle en cercle, qui a obligé le gouvernement à reculer. Provisoirement. On nous promet le retour de la proposition sous d'autres formes. Nous promettons que nous ne cesserons pas de poser la question, non pas en termes commerciaux, mais en termes de vie, de sens, d'éducation, d'un peuple et d'un enfant.

Codes et soumission

Bien sûr, c'est une histoire personnelle. Bien sûr, sans Nicolas Sarkozy, les choses ne se seraient pas cristallisées de la même façon. Une personnalité, une espèce de geyser d'énergie, un refus de voir le long terme, et en même temps une ligne politique, l'entente avec tous les puissants et le ralliement déterminé au modèle triomphant. Adhésion au fort, au connu, au célèbre, au riche, au puissant. On se tromperait si l'on ne voyait là que calcul : j'y sens un amour sincère et naïf de la gloire. Les acteurs, Reno, Clavier, les vedettes, Hallyday et Bigard. Amour adolescent de la force. Toujours la quantité. Toujours, après ses émissions, l'audimat : j'ai fait cinq millions, dix millions, quinze millions, que ce soit vrai ou pas, et quel que soit le moyen, quitte à nationaliser tous les écrans, à passer en même temps sur la une, la deux, la trois, la six, les radios, RTL, service public : une seule condition, que les parts d'audience les placent haut dans le classement. Qu'ils soient en tête : en tête, forcément, puisque lorsqu'on a du succès, on est aimé, et donc forcément aimable.

On dit parfois : dictature de l'audimat. Sous ce régime, ce n'est pas dictature de l'audimat, c'est passion de l'audimat, réduction de la France à l'audimat. On ne saurait imaginer plus pauvre. On avait autrefois une idée du monarque éclairé. Maintenant, c'est le monarque aveuglé.

Il aimait Bush. C'était la modernité que d'aller passer vacances à Wolfeboro, dans le New Hampshire : ça, c'était chic ! Maison de milliardaires, bord du lac, New Hampshire, juste à côté des Bush, George et Laura, qui, eux, vacançaient à résidence d'été de Kennebunkport, si c'est comme ça que ça s'écrit. Et chacun de s'extasier, n'était la mauvaise grâce de Cécilia… Et d'être admis dans l'intimité du président américain, partager avec lui un barbecue ! C'était si rare, seul Poutine avant lui, paraît-il. C'était, nous disait-on, un grand succès diplomatique. Et c'était sincère, je crois. C'est pire. Je ne doute pas de la sincérité. Je m'en inquiète.

C'est comme le jogging, mais attention, pas n'importe quel jogging, *entouré de gardes du corps*. Voire, variante, entouré de seconds, Fillon par exemple. Pour reproduire ces photos découvertes autrefois, dans l'adolescence, Kennedy sur la plage, courant entouré de balaises, et qu'importe que le gabarit ne fût pas tout à fait le même… Le jogging présidentiel, direct inconscient, signe extérieur de présidence dans le modèle dominant, à condition, bien entendu, d'avoir une forêt de gardes du corps. Tous les choix vont dans le même sens : jusqu'au sweat-shirt NYPD, *New York Police Department*, parce que, imaginez, *police française*, ce n'aurait pas fait assez chic, pas couleur locale, pas photogéniquement conforme aux clichés, justement.

On avait tout eu dans le genre, déjà : jusqu'à la photo bêtement copiée, pour ainsi dire dupliquée, de la saga Kennedy, la fameuse photo de John-John jouant à quatre pattes sous le bureau de la Maison Blanche, répliquée place Beauvau le petit Louis jouant sous le bureau de Clemenceau. En noir et blanc, de surcroît, pour être sûr que ça dirait quelque chose à la mémoire collective…

Cela signe un inconscient : un garçon qui s'est construit politiquement non pas en idées, mais en images, en tournant les pages des magazines des années 60, qui a construit son firmament d'archétypes, et qui recopie, de sorte que la vie qu'il vit n'est pas sa vie, mais l'imitation de la vie des autres. D'ailleurs, pas de la vie, mais de la photo, la mise en scène des autres.

Signes extérieurs accumulés, pour que nul n'en ignore. Un dignitaire de l'UMP en rigolait. Jaune. Quand des déplacements étaient organisés, alors même que Sarkozy n'était que président de l'UMP, dans le court intervalle où il fut exclu du gouvernement par Chirac, il n'y avait, me racontait-il, qu'une consigne indiscutable : jamais moins de huit voitures dans le cortège. Pour que nul ne doute du caractère *événement*, de l'importance qu'il revêtait. Huit voitures : à sept, c'était trop peu, on était au-dessous, à sept c'était irrecevable. Et les fédérations UMP de province de se casser la tête pour remplir les huit voitures *minimum* qui disaient au brave peuple : c'est un cortège, donc c'est une cour, donc c'est un souverain, c'est huit voitures, mon pote, ça, c'est américain...

Mais il ne faut pas s'arrêter là. Pas à cette histoire personnelle. Aller au-delà, voir le plus important : il y eut un moment qui fit se rencontrer cet album d'illustrations presque caricaturales avec l'attente d'un peuple. Si nous n'avions pas été dans un moment comme celui-là, l'inconscient en forme de pages de *Match* des années 60, en noir et blanc ou en couleurs, serait tombé à plat. Mais il y avait rencontre et conjugaison : toute une partie de la société, la partie dominante, avait envie de promouvoir ce nouveau monde, pêle-mêle politique et image, projet et cinéma. Et Sarkozy était juste où il fallait : à Neuilly, ami avec tant de figures des mondes de l'argent, des médias, du spectacle, placé pile-poil au bon endroit pour les rencontrer un jour important pour eux, le jour de leur mariage, copain, tutoyant, familier, attentionné, maître du fisc, ça sert voyez-vous assez souvent, maître de la police, ça peut servir. C'est tout un monde qui se déplaçait vers la spontanée servilité envers les dominants, leurs mœurs, leurs coutumes, leurs codes, leur langue.

Tiens, leur langue.

Au début de l'automne 2007, le Medef tenait son université, comme on dit, d'été. Événement couru, assiégé devrait-on dire. Bien monté, les moyens ne manquent pas et sa présidente a du savoir-faire. On avait loué l'École polytechnique. Beau lieu, beau monde. Pour moi, séance de clôture, en compagnie aussi honorable que le chef d'état-major, le cardinal primat des Gaules, le président de l'Assemblée nationale, le philosophe patenté. Plein de distingués.

Mon regard avait été accroché, en entrant sur le campus, par la grande affiche où s'étalait l'annonce de la manifestation et son thème : *Voir en grand !* Et exactement dans le même caractère, pour bien montrer que c'était maîtrisé, définitivement moderne, le même titre en anglais, *Think big.* « *Voir en grand, Think big.* » Cette année, pour l'assemblée générale, c'était pareil, *Vivement l'avenir* en français, *Ready for the future* en anglais.

On voit le signe. La manifestation qui s'affiche en américain autant qu'en français, c'est cela qui a du sens. Cela veut dire : international. Cela veut dire : nous ne sommes plus des ploucs. Nous aussi nous avons notre brevet de reconnaissance. On peut venir chez nous, il y a l'eau courante comme chez les autres. Nous ne sommes plus démodés, plus les cousins de province, regardez comme nous sommes modernes, *up to date*, plus des Français franchouillards, on peut nous fréquenter, nous savons *think big*, nous aussi, chers seigneurs…

Et ils ne se rendent pas compte que précisément, cela signe le dernier des provincialismes, que cet anglais-là, c'est du formica, dans les cuisines de mon enfance. Remisés, *les meubles luisants polis par les ans*, au grenier des vieilleries. On montrait avec orgueil, en l'essuyant d'un dernier coup de tablier, le formica jaune ou vert. Leur anglais, c'est du formica.

Cela me restait en travers de la gorge. Alors, je le leur ai dit. Très mauvais effet, aucun doute. Mais je leur ai dit cette chose toute simple : je serai ravi que vous écriviez *think big* sur votre affiche le jour précisément où le USCC, *United States Chamber of Commerce*, ou le NAM, *National Association of Manufacturers*, lors de leur assemblée générale afficheront leur thème en anglais *et* en français. Ce jour-là, ce sera international, rencontre des peuples, dépassement des frontières, et pas soumission. Et ce jour-là, les poules auront des dents.

Le pire est évidemment qu'ils ne le voient pas. Que ce mimétisme est devenu une seconde nature.

Mais il n'y a pas que l'anglais, vous le sentez bien.

Il y a ceci : la France avait construit son projet, pour elle-même, et, en même temps, du même mouvement, un projet proposé au monde. Proposé, non imposé. Un plan pour la maison, sans *copyright*, sans droits d'auteur. Mais nous étions assez fiers d'avoir ainsi *pensé large*, vu en grand, comme disaient les publicitaires du Medef, pensé monde, universaliste. C'était cela, la République. Une maison pour la France, une maison proposée au monde. Avec l'Europe que nous rêvions d'inspirer, naturellement. Parce que c'était notre nature d'inspirer. Nous inspirions comme nous respirions, sans nous en apercevoir.

Mais ce n'était pas une maison ratée. C'en était une qui tenait debout, bigrement solide, maison de maçons, si je voulais plaisanter.

Dans chacun des grands chapitres de la vie, notre modèle, respecté dans le monde. Notre éducation nationale, notre modèle de recherche, notre justice, notre code de procédure pénale, notre sécurité sociale, nos normes comptables, nos professions judiciaires, notre agriculture.

Mais dans le grand combat des dominés contre les dominants, comme souvent, ce sont les dominants qui ont gagné, non pas face aux dominés, ce serait trop beau, ce serait trop facile. Ils ont gagné chez les dominés, parmi eux. Dans les classes dominantes des dominés. En tout cas, c'est le sujet de ce livre, ils ont failli gagner. Car tous ceux dont la position, l'éminence, la reconnaissance publique auraient dû faire des défenseurs de notre modèle français se sont évertués à le déconsidérer d'abord, et à le détruire ensuite. Et sur chacun de ces grands chapitres, ils ont entrepris, avec la pioche et la barre à mine, à l'explosif c'est plus sûr, et parfois à mains nues, en grattant avec les ongles, de déconstruire, comme on dit aujourd'hui, de mettre à bas le grand édifice que la France avait fait et qui avait fait la France. Vite, vite, sans réfléchir. Le plus vite serait le mieux. Ils ont attaqué chacun des piliers, par les armes les plus efficaces, le sarcasme, la dérision, la norme européenne s'il le fallait, inventée, ou acceptée. Ce qu'ils ont appelé *modernisation*, ce qu'ils ont appelé *réforme*, c'était la destruction, méthodique, concertée, de notre différence républicaine.

Je trouve souvent Zemmour, que forcément je connais depuis ses débuts, intelligent, ou drôle. Je ne suis pas toujours d'accord, parfois même je me trouve en violent désaccord avec lui, mais il me fait rire souvent, et réfléchir. Récemment, je l'ai trouvé pénétrant. Il interviewait ce Minc qui fait profession – et commerce – d'influence, et qui affiche partout le poids qui est le sien, notamment auprès de l'actuel président de la République. Et ledit essayiste, refaisait, parlant de l'histoire de France, la complainte : les faiblesses de la France, c'était de n'avoir pas aimé le capitalisme, d'avoir refusé d'être une nation marchande, de ne pas avoir été une nation maritime, d'avoir signé le traité de Paris (là, par accident, il avait raison : on ne peut pas avoir toujours tort, même Minc), jusqu'à Clemenceau voué aux gémonies… Et Zemmour a eu cette réplique qui mérite le bronze : « En somme, vous ne regrettez qu'une seule chose, c'est que la France n'ait pas été l'Angleterre. » Le journaliste voyait juste, mais il s'arrêtait en chemin : ce n'est pas seulement qu'ils regrettent que la France n'ait pas été l'Angleterre, c'est qu'ils ont décidé de corriger cette aberration, d'y mettre bon ordre, d'abord en organisant notre reddition devant le capitalisme devenu projet national. Ils s'y sont mis, et nous n'y avons vu que du feu.

Et ils ont décidé que cette soumission ferait désormais la ligne de toute notre politique, y compris notre politique internationale.

Chapitre VII

L'idéologie OTAN

En ce printemps 2009, Nicolas Sarkozy a décidé que
la France allait reprendre dans le commandement
intégré de l'OTAN la place que le général de Gaulle lui
avait fait quitter en 1966. Cette décision est dans le
droit-fil des choix implicites ou explicites que la « rupture » annonçait. La France rebelle rentre dans le rang.
La France différente se range. L'ironie des choses veut
que ce soit le dirigeant du dernier avatar du parti créé
par le Général qui prononce cette décision. Et moi qui
dis non, avec d'autres, je n'oublie pas que dans mon
arbre généalogique politique (que je ne renie pas,
même si je n'avais que quinze ans à l'époque), il y a
quelques-uns de ceux qui ont défendu avec le plus
d'indignation la solidarité atlantique. Comme un combat
à fronts renversés. Mais ce mouvement des esprits n'est
paradoxal qu'en apparence.

L'Alliance atlantique n'a jamais été remise en cause
en France. Le général de Gaulle lui-même l'affirme, le
jour où il annonce par lettre au président Lyndon
Johnson : « *La France considère que les changements*

accomplis ou en voie de l'être, depuis 1949, en Europe, en Asie et ailleurs, ainsi que l'évolution de sa propre situation et de ses propres forces ne justifient plus, pour ce qui la concerne, les dispositions d'ordre militaire prises après la conclusion de l'Alliance », et qu'ainsi la France quitte le commandement intégré. Notre pays n'accepte plus que ses forces soient placées sous commandement américain, et donc « *se propose de recouvrer sur son territoire l'entier exercice de sa souveraineté, actuellement entamé par la présence permanente d'éléments militaires alliés ou par l'utilisation habituelle qui est faite de son ciel, de cesser sa participation aux commandements intégrés et de ne plus mettre de forces à la disposition de l'OTAN* ». Il confirme que la France « *est disposée à s'entendre avec* [ses alliés] *quant aux facilités militaires à s'accorder mutuellement dans le cas d'un conflit où elle s'engagerait à leurs côtés* ». Et il prend soin d'ajouter que son pays « *croit devoir, pour son compte, modifier la forme de* [l']*alliance sans en altérer le fond* ».

Que veut dire Alliance atlantique ? D'abord qu'il y a entre ses signataires, vingt-six pays d'Amérique du Nord et d'Europe, des valeurs supérieures communes. Le préambule du traité le dit en quelques lignes : « *Les États parties au présent Traité, réaffirmant leur foi dans les buts et les principes de la Charte des Nations unies et leur désir de vivre en paix avec tous les peuples et tous les gouvernements. Déterminés à sauvegarder la liberté de leurs peuples, leur héritage commun et leur civilisation, fondés sur les principes de la démocratie, les libertés individuelles et le règne du droit. Soucieux de favoriser dans la région de l'Atlantique Nord le bien-être et la stabilité. Résolus à unir leurs efforts pour leur défense collective et pour la préservation de la paix et de la sécurité. Se sont mis d'accord sur le présent Traité de l'Atlantique Nord. »* À cette question : avons-nous avec les États-Unis un héritage commun de civilisation, qui oblige à respecter les principes de la démocratie, les libertés individuelles et le règne du droit, la réponse de l'immense majorité des Français, la nôtre à coup sûr, est oui.

Ensuite que cette communauté de valeurs oblige à une solidarité réciproque en cas de danger. C'est le sens de l'article 5 du traité, qui le fonde et lui donne sa portée : « *Les parties conviennent qu'une attaque armée contre l'une ou plusieurs d'entre elles survenant en Europe ou en Amérique du Nord sera considérée comme une attaque dirigée contre toutes les parties, et en conséquence elles conviennent que, si une telle attaque se produit, chacune d'elles, dans l'exercice du droit de légitime défense, individuelle ou collective, reconnu par l'article 51 de la Charte des Nations unies, assistera la partie ou les parties ainsi attaquées en prenant aussitôt, individuellement et d'accord avec les autres parties, telle action qu'elle jugera nécessaire, y compris l'emploi de la force armée, pour rétablir et assurer la sécurité dans la région de l'Atlantique Nord.* »

À cette solidarité, aucun gouvernement français n'a jamais manqué. En octobre 1962, quand éclate la crise de Cuba, de Gaulle le montre avec éclat. Khrouchtchev a décidé d'installer à Cuba des fusées nucléaires pointées sur les États-Unis. Un moment de tension extraordinaire va se créer pendant deux semaines. Le monde est au bord de la guerre, et de la guerre atomique. Un des avions espions U2 qui survolent l'île est abattu par la défense antiaérienne soviétique. Kennedy donne l'ordre, si un autre incident se produit, de bombarder.

À ce moment, on raconte qu'il envoie un émissaire à l'incommode président français. L'ambassadeur est introduit dans le bureau du Général. Il est porteur de documents secrets. « Mon général, je suis venu vous montrer des photos aériennes incontestables de l'activité des Soviétiques à Cuba. Permettez-moi de vous présenter ces documents. » Alors de Gaulle l'arrête d'un geste : « Monsieur l'Ambassadeur, je ne veux pas voir ces photos. La parole du président des États-Unis me suffit. » Et de Gaulle sera le premier et le plus ferme soutien public de Kennedy.

Le 11 septembre 2001, les États-Unis sont frappés par al-Qaida. L'émotion est immense en France. Dans les semaines qui suivent, Jacques Chirac, le gouvernement Jospin, l'Assemblée nationale décident ensemble, quasiment sans discussions, de se porter aux côtés des Américains attaqués, conformément à l'article 5 du traité, pour traquer les talibans en Afghanistan, les chasser du pouvoir et établir une démocratie dans ce pays.

Nous avons été, heureusement, des alliés fiables pour la nation américaine. Comment en aurait-il été autrement, nous qui devons aux soldats de ce grand pays la sauvegarde d'abord et la victoire au cours des deux conflits mondiaux du XXe siècle ? Et nous n'avons manqué aucune occasion de coopérer avec les membres de l'Alliance pour en améliorer la capacité militaire.

La décision prise par de Gaulle en 1966, il y a quarante-trois ans, était une de ces intuitions historiques qui permettent de sortir de la contingence des événements. Quand il annonce, au cours d'une conférence de presse au mois de février, sa décision de retirer la France du commandement militaire intégré, l'émotion est très grande. Les journaux les plus favorables au Général qui vient d'être réélu hésitent à le soutenir. Seuls les communistes manifestent leur satisfaction. On comprend pourquoi. On est en pleine période de guerre froide, les événements de Cuba n'ont pas quatre ans, Kennedy a été assassiné, le monde est dangereux, l'Europe est coupée par le mur de Berlin.

Assassiné John Kennedy, celui qui avait choisi de se rendre à Berlin après l'édification du mur et prononcé le magnifique : *ich bin ein Berliner*, je suis un Berlinois… Magnifique discours, tenu à l'aide de quelques notes seulement – il n'y avait pas de prompteur à l'époque – à deux pas du mur récemment édifié, qui est resté dans notre mémoire[1] : « *Il y a deux mille ans, la plus fière des déclarations, c'était* civis romanus sum, *je suis citoyen romain. Aujourd'hui, dans le monde libre, la plus fière des déclarations c'est* ich bin ein Berliner, *je suis un Berlinois. Il y a beaucoup de gens dans le monde qui ne comprennent pas, ou qui disent qu'ils ne comprennent pas quelle est la grande question entre le monde libre et le monde communiste : qu'ils viennent à Berlin ! Il y en a qui disent que le communisme est le courant de l'avenir. Qu'ils viennent à Berlin ! Et il y en a qui disent, en Europe et ailleurs, que nous pouvons travailler avec les communistes. Qu'ils viennent à Berlin ! Et il y en a même certains qui disent qu'il est vrai que le communisme est un système malfaisant, mais qu'il permet des progrès économiques. Lass' sie nach Berlin kommen ! Qu'ils viennent à Berlin ! La liberté a bien des difficultés et la démocratie n'est pas parfaite, mais nous n'avons jamais eu à bâtir un mur pour y enfermer les*

---

1. La traduction est de moi, elle n'est donc pas garantie sur facture…

nôtres et les empêcher de s'en aller... C'est une offense non seulement contre l'histoire, mais une offense contre l'humanité, séparer les familles, les maris de leurs femmes, les frères et les sœurs, et diviser un peuple qui veut être réuni... La liberté est indivisible, et quand un seul homme est réduit en esclavage, les autres, tous les autres, ne sont pas libres. Tous les hommes libres, où qu'ils vivent, sont citoyens de Berlin. Et c'est pourquoi, comme homme libre, je suis fier de dire ces mots : Ich bin ein Berliner, *Je suis un Berlinois...* » C'était le 26 juin 1963.

Qui sait si le destin qui attendait John Kennedy à Dallas le 22 novembre, moins de cinq mois plus tard, n'a pas été enclenché ce jour-là ? Si monde dangereux et coupé en deux il y eut jamais, ce fut celui-là. Et donc, bien sûr, si j'avais été en âge civique en cet hiver 1966, lorsque de Gaulle décide de sortir du commandement intégré, j'aurais été révolté. J'y aurais vu la création d'une faille dans le monde libre de ceux qui disent « *ich bin ein Berliner* ». J'aurais partagé l'indignation de François Mitterrand et de Jean Lecanuet. Bien sûr. Quand le mur de Berlin a moins de cinq ans, on ne peut pas faire comme s'il n'existait pas. En tout cas, c'est ce que j'aurais pensé, et défendu, et clamé. Et bien sûr, j'aurais vu dans cette décision comme une entente implicite de De Gaulle avec Moscou, une connivence, et je l'aurais combattue. Et je n'aurais pas économisé mes forces.

C'est l'histoire, mon vieux. Des événements interviennent, parfois discutables, parfois baroques, et puis de cet arbre mal planté, naissent de beaux fruits. Et puis c'est le destin, et l'originalité parfois effrayante des génies. Il arrive qu'ils voient plus loin, autrement.

Qu'ils discernent dans la trame des temps des fils que les autres ne voient pas. Peut-être de Gaulle pensait-il déjà que le communisme avait perdu. Qu'il ne serait plus, à terme, une menace. Et peut-être, je ne sais pas, avait-il décidé de s'entendre avec ses satrapes malgré tout, pour rééquilibrer le monde. Et peut-être les deux.

Toujours est-il, mon vieux, que les choses ont tourné comme cela et que cette prise d'indépendance, qui était signe de division, de controverse, d'affrontements, est devenue au fil des années signe de rassemblement. Le temps a mûri. Le mur est tombé et le régime qui l'avait conçu est tombé avec lui. Sur le Kremlin, on a amené une dernière fois le drapeau rouge, faucille, marteau, étoile d'or et, à la place, on a levé, comme de Gaulle n'avait cessé de le prédire, le drapeau de la grande Russie, le drapeau de Pierre le Grand.

Mon vieux, ce sont des génies, ou des visionnaires. Du coup, la France s'est construite sur cette différence. La France diplomatique, la France militaire, avec nos moyens. La France européenne aussi. C'est parce que nous en étions là, que nous avions ces fondations, un peu folles, mais désormais assurées, sédimentées, devenues minérales, que nous avons pris l'habitude et le goût de la liberté de parole, de la liberté d'action.

Et toutes les familles démocratiques, sur ce point, se sont accordées. Toutes ont fait un pas. C'était devenu un patrimoine commun. Et tous, nous avons été fiers, pas seulement en posture, mais en notre for intérieur, pas seulement comme citoyens, mais comme hommes, comme pères de famille, lorsque la France, grâce à Chirac, a décidé de tenir bon au moment de la deuxième guerre d'Irak. C'était même devenu un des points de rencontre, un des rares, dans la vie politique française. Nous, France, étions alliés, fiables, fidèles, présents quand il fallait. Mais nous avions notre libre-arbitre. Nous ne nous rangions pas au sein du commandement intégré. C'était même cela précisément que nous ne voulions pas : l'intégration. Être comme les autres, sous la même autorité. L'autorité des puissants, le commandement américain, l'influence prépondérante des États-Unis. Nous étions les cabochards, certes, mais le monde, et le moment, ont tellement besoin de cabochards…

Et évidemment, d'avoir ainsi résisté, osé opposer notre veto, cela nous a donné une image dans le monde. Surtout dans le monde pauvre, et c'est peut-être cela qu'au fond Nicolas Sarkozy n'aime pas. Je crains qu'il ne préfère que nous soyons mieux avec les riches qu'avec les pauvres. Le mardi 12 septembre 2006, au cours d'un voyage aux États-Unis, où tout a été fait pour qu'il soit reçu par Bush, il regrette publiquement que la France ait opposé son veto aux Nations unies et dénonce une diplomatie « grandiloquente ». Un ministre, et pas n'importe lequel, du gouvernement Chirac, qui va dénoncer aux États-Unis, auprès de Bush, son pays, sa diplomatie, alors qu'ils ont été engagés dans une incroyable épreuve de force, et de vérité ! Faut-il que son choix idéologique et son désir de plaire aux puissances washingtoniennes aient été forts… Tout s'oublie aujourd'hui en politique, personne ne s'en souvient, mais il y a là une clé des décisions imposées en 2009.

Ce n'est pas une décision technique. C'est une décision politique. C'est une cohérence, et c'est une idéologie. L'idéologie du camp, et l'idéologie des forts. Pour eux, nous sommes non pas la France avec une vocation universelle, mais une part de l'Occident dont l'Amérique est le centre et le modèle. Pour eux, nous sommes de ce camp, et comme c'est le camp dominant, de surcroît, il vaut mieux en être intimement partie.

Voilà le sens de la décision d'accepter le commandement intégré de l'OTAN, d'y « reprendre notre place », comme on dit, comme si ces quarante-trois années n'avaient été qu'une parenthèse, comme si nous retrouvions la France d'avant la grande ombre au képi et aux deux étoiles, comme si tout ce romantisme il convenait d'urgence de le mettre au rancart, pour de nouveau être bien vus et faire des affaires.

On nous serine qu'il faut avoir de l'influence au sein de l'OTAN. En quoi aucun des pays qui sont membres du commandement intégré, en quoi le Canada, ou l'Allemagne, ou même l'Angleterre ont-ils eu ces dernières années la moindre influence sur les décisions américaines ? En quoi ont-ils eu plus d'influence, eux qui sont membres, que nous, qui n'étions pas membres, sur la stratégie développée en Afghanistan ?

Tout cela est une vaste blague. Ce qui n'est pas une blague sans doute, c'est l'exclusion des marchés militaires de l'OTAN dont nous étions jusqu'à maintenant frappés. Réalité dont je soupçonne qu'elle a dû peser lourd dans la décision prise. Les industriels de l'armement seront donc à nouveau éligibles aux marchés de l'OTAN… Sont-ils sûrs que ces marchés leur feront bon accueil, et sont-ils sûrs qu'ils n'en perdront pas d'autres ? Quoi qu'il en soit, la politique de la France, son image dans le monde, son indépendance de jugement, et les signes symboliques de cette indépendance ne devraient pas être à la merci d'intérêts industriels, dont les dernières années ont montré de surcroît qu'ils savaient assez bien se défendre tout seuls.

C'est pitié de penser à ce que nous perdons. Et à ce que d'autres, je pense à l'Europe, perdent au travers de nous. Et qui nous le demandait ? Personne !... Le monde avait fini par s'habituer. « Impose ta chance... va vers ton risque. À te regarder, ils s'habitueront », comme dit René Char. Au début, nos alliés sages et nos alliés dominants nous en avaient voulu. Et puis les choses étaient rentrées dans l'ordre. Nous avions même repris les échanges militaires, nous participions aux comités ceci et aux comités cela, il paraît qu'il y en a une quarantaine et que nous participions à trente-huit. Les comités stratégiques, et les comités de campagne. Tout, sauf les comités nucléaires et le commandement intégré. Qui cela gênait-il ? Comme, en France, les courants démocratiques s'étaient habitués, et avaient fini par partager ce choix, nos partenaires dans l'Alliance s'étaient habitués aussi, un peu contents, un peu jaloux. Un peu contents, parce que ça faisait plus de places pour leurs généraux. Un peu jaloux, parce qu'on a toujours de l'envie pour ceux qui pratiquent parole libre et regard haut alors qu'on est soi-même pris dans un réseau d'obligations qui vous gênent aux entournures...

Mais ailleurs, le monde entier savait ce qu'il en était de la France ! Pas une très grande puissance, sans doute, mais capable de dire non. Pas inféodée. Et donc capable de faire entendre une voix différente. De comprendre aussi comment pensent les autres, comment pensent les pauvres... Parfois pas assez. Parfois sujette aux influences. Mais capable de ressort, dans les moments les plus inattendus. Et c'est pour cela qu'au Conseil de sécurité des Nations unies, la France se faisait porte-parole d'un grand nombre, sensiblement ceux qui avaient applaudi au discours de Villepin, à la diplomatie « grandiloquente », comme dit sans doute l'adepte de la diplomatie « minusloquente »...

Et ceci est une amputation pour nous, France. Et c'est aussi, quoi qu'on en pense, une amputation pour le reste de l'Europe, pour la volonté européenne.

S'il est désormais une chose certaine après cette décision, c'est que la vraie victime, c'est l'idée d'une défense européenne indépendante. Car l'indépendance, cela ne s'octroie pas. Cela s'affirme, cela se gagne. L'argument selon lequel les Américains laisseront davantage faire défense indépendante aux Européens parce que nous aurons concédé notre rangement dans le commandement intégré est un argument de soumis et de dominés. S'il vous plaît, Messeigneurs, accordez-nous notre indépendance... On entend les gros rires dans les lieux du vrai pouvoir... D'ailleurs, le gouvernement avait annoncé, promis-juré, que nous n'accepterions de faire ce pas qu'*en échange* d'avancées significatives sur la défense européenne. Quelles avancées ? Avancées néant. Oh ! bien sûr, on nous fera pendant quelques années la grâce, j'allais écrire l'aumône, de quelques responsabilités militaires de bon aloi. Il paraît qu'il y a un comité qui pense l'OTAN pour dans vingt ans. Et qu'un général français pourrait être placé à sa tête. Penser pour dans vingt ans : cela, je ne doute pas qu'on soit prêt à nous concéder d'y participer. Nous contribuerons donc aux rapports, aussitôt rangés dans les tiroirs, dont un général français sera le premier signataire. Cela va nous faire une bien belle jambe. Je ne me moque pas. Je mets cela en balance avec ce que nous perdons et qui est si lourd, parce que c'est symbolique.

L'innocent ministre de la Défense a prononcé au début de l'été 2007, lorsqu'il fut chargé de tirer les premières salves préparatoires à cette manœuvre, deux phrases qui devraient rester en travers de la gorge de tout citoyen un peu fier de son pays. Il a dit *urbi et orbi* – il me semble me souvenir que c'était au salon du Bourget : « Il faut cesser de barguigner… » Et aussi : « Nous participons déjà à l'OTAN, aux comités machins et aux comités trucs, c'est donc une décision *purement symbolique.* » Innocent aux mains pleines ! J'ai connu le susdésigné à une époque où il portait dans son portefeuille le texte de l'appel du 18 juin… ça donnait l'impression qu'il dormait avec. Et aussi étrange que cela paraisse, cette dévotion me plaisait. Il y a en moi un côté sentimental. Et c'est le même qui dit « barguigner » pour caractériser l'attitude qui symbolisa aux yeux du monde la prise d'indépendance et de risque de la France ! « Barguigner », un mot qui accuse l'hésitation rance, le velléitaire version vieille fille, un mot du Moyen Âge pour dire qu'on marchande. Et qui ajoute, comme si cela ne suffisait pas, que c'était « purement symbolique ». On devrait leur apprendre deux ou trois choses, à la Défense, en même temps qu'on leur enseigne à marcher au pas, à saluer le drapeau, et qu'on leur fait couper de seyants treillis. On devrait leur apprendre ce que c'est qu'un symbole, que c'est probablement le plus important de tout. Que c'est la langue même de la politique et de la diplomatie. Qu'on a fait la guerre, innocent, pour des symboles. Plein de guerres. Et qu'il y a des gens qui se font tuer pour des symboles. Un drapeau, par exemple, un hymne chanté en mourant, une dernière sonnerie de clairon. Notamment des gens du peuple. Pas ceux qui fréquentent les palaces, les autres. Tous ceux qui aiment que leur pays ne soit pas tout à fait lié, pas tout à fait plié.

Cette singularité française, signe d'indépendance envers et contre tout, c'était une assurance pour toute l'Europe. Dans une équipe, il en faut toujours un sur qui on puisse compter quand le moral des autres fléchit. Ou leur résolution. Sur ce sujet, c'était la France. Pas sur tous les sujets. Il y a comme une répartition des rôles dans la famille européenne. Par exemple, quand il s'agit de sujets de gestion, et de ne pas dilapider l'argent du ménage, c'est l'Allemagne qu'on regarde. Nous, c'était l'indépendance. Pas seulement la nôtre. L'indépendance de tout le monde. Nous étions une garantie. On savait bien qu'un jour, on irait vers une Europe qui ferait ce qu'il faut pour se défendre elle-même, en amitié bien sûr avec les États-Unis, mais autonome, que c'était la logique des temps. Et on savait que ce jour-là, c'est la France qui marcherait devant.

Nous étions le piton solidement planté dans la paroi auquel l'alpiniste est sûr qu'il peut accrocher sa corde. C'est drôlement utile dans les passages délicats. Demandez aux Allemands : vous croyez qu'ils n'ont pas été contents au moment de l'Irak que la France soit si solide dans son refus, vous croyez que cela ne les a pas aidés ? Demandez à ceux qui ont participé aux échanges discrets et aux conversations secrètes ! Les Allemands disaient : « Vous êtes sûrs que vous allez tenir ?… » Et on voyait bien leur crainte.

Cette assurance disparaît. Il n'y aura pas de longtemps de défense européenne indépendante, avec ses propres attentes, ses propres normes. Je ne sais pas si c'était vraiment possible, mais en tout cas, nous avons passé la marche arrière. C'était comme un mantra dans nos vingt ans : « L'Europe, pour son compte, pilier de l'Alliance atlantique. » L'autonomie de décision ne sera plus la condition de l'édification de cette défense. Ni en stratégies, ni en armements, ni en pensée, ni en paroles, ni en actions. Ils ont abandonné cet ancrage. Ils nous amènent vers autre chose : vers une communauté euro-américaine. Une union de l'Occident. Comme une préfiguration d'une confrontation des civilisations, et l'affirmation par les actes, et non pas par les mots, que tout ça, l'Amérique et nous, c'est pareil.

Or, ce n'est pas pareil. Il ne faut pas que ce le soit. Le monde est trop dangereux pour ça.

Ce n'est pas l'Occident, forteresse du capitalisme, contre le reste du monde. Si c'est cela, le combat est perdu d'avance. Si c'est cela, château fort assiégé, nous allons souffrir mille morts dans le siècle qui vient. Et la France, particulièrement, réduite à son poids numérique, à n'être que 5 %, à peine, du nouvel ensemble.

Si nous voulons que la France soit ce qu'elle est, qu'elle suive sa vocation, alors il faut que de toutes ses forces elle refuse le modèle unique imposé aux deux continents, devenus identiquement capitalistes et matérialistes. Il faut qu'elle défende en tout et partout l'idée du pluralisme dans le monde, l'idée que l'Europe ce n'est pas l'Amérique, malgré l'amitié qui nous lie, au sens propre. L'idée qu'en Europe aussi, nous portons un modèle, et qu'à ce modèle la France apporte. L'idée que l'Europe ne se vit pas pour nous comme une perpétuelle marche arrière, une perpétuelle reculade, nous obligeant à renoncer, peu à peu, à ce que nous fûmes. Exactement le contraire : l'Europe, c'est une garantie que nous pourrons continuer à défendre ce que nous croyons, avec bonne humeur, avec esprit d'entreprise, avec optimisme. Parce que nous croyons que sur bien des sujets, aujourd'hui en voie d'être abandonnés, des principes aujourd'hui orphelins, c'est nous, France, qui avons raison et qui traçons un chemin qui vaut pour nous, et qui est proposable au monde. Pas imposable, proposable.

Chapitre VIII

Condamnation de nos ambitions

L'idéologie de l'alignement ruine la stratégie d'indépendance. Notre renoncement condamne aussi nos ambitions. Y compris, et d'abord, celles qui avaient été mises en scène par Nicolas Sarkozy lui-même.

Un événement en emporte un autre. Une déclaration en emporte une autre. Une autocélébration en emporte une autre. Qui se souvient que le 13 juillet 2008 le président français réunit à Paris, en triomphant arroi, plus de quarante chefs d'État et de gouvernement autour de la Méditerranée ? Il y avait là, nous disait-on, pour la première fois ensemble, tous ceux qui s'étant si souvent affrontés auraient désormais un destin commun grâce à une offensive diplomatique sans précédent et sans exemple. Les Arabes étaient là, et les Israéliens aussi, les Palestiniens, les Turcs, les Libanais et les Syriens, et les Européens, qui avaient d'ailleurs lancé quelques années auparavant le processus de Barcelone, l'Euromed, pour Euro-Méditerranée. Les conseillers de Sarkozy célébraient sans rire un dessein dont auraient « rêvé Alexandre et Auguste », pas moins.

Il y avait la grand-messe, destinée à représenter l'hôte de l'Élysée en maître du monde, en tout cas en maître de ce monde brûlant autour de la mer de tous les dangers et de tous les affrontements. Il y avait une stratégie plus discrète, qui était d'équilibrer l'influence qui tirait l'Europe vers le nord et vers l'est, par une influence du Sud, qui aurait rendu la France moins dépendante et plus centrale. Il y avait la reprise du rêve séculaire qui voyait la France en porte-parole des non-alignés, pacificatrice parce qu'indépendante.

Bien entendu, comme souvent, cela fut superficiel et largement improvisé, fait à la va-comme-je-te-pousse, au forceps, à l'emporte-pièce. Il y avait beaucoup d'ignorance et de condescendance à croire que ces histoires et ces nations pouvaient être bousculées, que ces pays recrus de guerres ouvertes et de guerres sournoises pouvaient être ainsi convoqués et s'embrasser en chœur.

Mais surtout, ce dessein était purement et simplement contradictoire avec le choix de l'alignement dans l'ensemble occidental. La France à la voix libre aurait pu faire pont et chaînon manquant. Mais la France rentrée dans le rang n'était plus cette France déployée.

De tout cela, il ne resta rien, qu'un vague secrétariat, comme il y en eut des dizaines, où s'épuisent les souvenirs des engagements les plus vagues. On avait promis de nettoyer la mer. De s'intéresser aux PME. Je ne sais quoi encore, vœux pieux, sans portée ni conséquence.

On découvrira dans les années qui viennent combien à rechercher l'allégeance aux puissants, nous nous sommes amputés de notre raison d'être et de notre légitimité.

Allégeance aux puissants : je me suis souvent demandé si ce n'était pas là le trait commun, le choix inconscient mais déterminant qui explique Nicolas Sarkozy. Posture avantageuse, toujours, mais toujours accommodement avec les forts. On en vit une démonstration manifeste en Géorgie.

Le conflit qui a éclaté au mois d'août 2008, au moment même des Jeux olympiques, quand le monde avait les yeux tournés vers les stades et les écrans de télévision, a été soigneusement préparé par Moscou. Il y a bien des enjeux périphériques, mais un enjeu central : donner au monde, et particulièrement aux anciens vassaux qui croyaient avoir recouvré leur liberté, la leçon qui prouverait que la Russie était de retour. Démonstration édifiante à destination des Occidentaux qui jouaient avec l'idée d'une extension de l'OTAN. Intimidation définitive, à moindres frais, à destination des nationalités du Caucase et de l'ancien glacis. Et magnifique opération de communication interne à destination du peuple russe chez qui l'agacement contre la précarité des conditions de vie ne cessait de monter au fur et à mesure que baissait le prix du gaz sur les marchés internationaux et, donc, les moyens de l'État.

Le piège fut soigneusement tendu. Il y avait deux territoires, deux régions, au sein de la Géorgie, l'Abkhazie et l'Ossétie du Sud, qui avaient fait l'objet d'affrontements antérieurs. De fait, sinon de droit, ces territoires étaient devenus des enclaves russes à l'intérieur de la Géorgie. Les populations géorgiennes avaient fui.

Mais il fallait d'urgence donner une leçon au président géorgien, Mikheïl Saakachvili, qui était l'objet de tous les soins des Américains.

Le piège fut soigneusement tendu, préparé pendant des mois. Moscou massa en secret des troupes et des forces blindées. Moscou excita ses partisans locaux, créant des incidents délibérés. Saakachvili crut sans doute que la protection occidentale jouerait, et il décida, en retour, d'attaquer les deux régions pour rétablir, à l'intérieur de ses frontières, la souveraineté de son pays.

Immédiatement, les troupes russes avec blindés et aviation firent mouvement, créant un rapport de force tellement déséquilibré qu'aucune illusion n'était possible. En même temps était déchaînée en Russie une campagne de communication sans précédent sur le thème : « Saakachvili, c'est Hitler ». Les timides défenses géorgiennes furent emportées.

C'est alors que Sarkozy, président en exercice de l'Union, s'avança sous les projecteurs, pour faire la paix. Il se livra à sa mise en scène préférée : il sauta dans un avion, atterrit à Moscou, et dès ses premiers pas sur le sol russe, il prononça sa première déclaration. Et c'était une déclaration d'allégeance à ceux qui avaient d'ores et déjà gagné ! Le président français déclara : « Les Russes ont le droit de défendre les intérêts des russophones à l'extérieur de la Russie » !

Pour qui se souvient de l'histoire tragique du XXe siècle, cette phrase est terrible. Car c'est bien au nom du caractère germanophone des populations des Sudètes que Hitler a justifié l'annexion des régions tchéco-slovaques et obtenu les honteux accords de Munich. Le scénario est exactement le même : des minorités majoritaires dans des régions séparatistes d'un pays indépendant, soutenues par un puissant voisin et débouchant sur l'annexion, à laquelle les démocraties acquiescent toute honte bue.

Tout le monde sait ce que sont les rapports de force. Mais au moins devrait-on espérer des responsables démocratiques qu'ils ne servent pas la soupe aux agresseurs. Qu'ils évitent, au moins, de maquiller, comme ils le firent en 1938, une démission en triomphe.

C'est pourtant ce à quoi s'est employé Nicolas Sarkozy. Trouvant en face de lui un Poutine et un Medvedev inflexibles, il va mettre en scène un « accord » qui est en fait une reddition. Pour que nul n'en ignore, Poutine a décrété le cessez-le-feu avant que Sarkozy n'atterrisse à Moscou. Et le président français présente à l'opinion internationale un texte en six points qui sert au mot près les intérêts de Moscou. L'intégrité territoriale de la Géorgie n'est même pas évoquée dans le texte. Les forces géorgiennes sont contraintes de se retirer dans leurs cantonnements et les forces russes se voient au contraire confier le maintien de la « paix » dans les régions envahies, autorisées de surcroît à se renforcer.

C'est une reddition sur toute la ligne. La France a donné son accord plein et entier à l'annexion, elle a consacré le fort et abandonné le faible. Comme toujours, depuis dix-huit mois. Il a suffi ensuite d'une délibération de la Douma pour « reconnaître l'indépendance » des deux régions annexées. Et de leur adhésion à la CEI, au glacis russe, pour consacrer la victoire de Poutine. Les cocoricos étaient déplacés. La France avait renoncé même à la protestation verbale. Il était bien loin le temps où Sarkozy se présentait en défenseur des principes d'une « diplomatie morale » et défiait les Russes en affirmant qu'il n'acceptait pas ce qui se passait en Tchétchénie. En Géorgie, on vit ce qu'il en était.

Abaissement devant les puissants, c'est une face de la médaille. Condescendance presque injurieuse envers les plus fragiles, c'est l'autre face de la médaille.

À peine élu, le 26 juillet 2007, le nouveau président français fait un voyage-éclair à Dakar. L'événement principal est censé être un discours « à la jeunesse africaine ». Et au milieu de ce texte, il expose une thèse dont on croyait qu'elle était d'un autre temps, d'une autre forme de pensée. Une thèse, j'imagine, que les « jeunes Africains » à qui ce discours s'adressait n'auraient jamais imaginé entendre de la bouche d'un président français, d'un président français de la nouvelle génération.

« Le drame de l'Afrique, c'est que l'homme africain n'est pas assez entré dans l'Histoire. Le paysan africain qui, depuis des millénaires, vit avec les saisons, dont l'idéal de vie est d'être en harmonie avec la nature, ne connaît que l'éternel recommencement du temps rythmé par la répétition sans fin des mêmes gestes et des mêmes paroles. Dans cet imaginaire où tout recommence toujours, il n'y a place ni pour l'aventure humaine, ni pour l'idée de progrès... Jamais l'homme ne s'élance vers l'avenir. Jamais il ne lui vient à l'idée de sortir de la répétition pour s'inventer un destin. Le problème de l'Afrique... il est là. »

Peut-on en aussi peu de mots user de tant de clichés qui sont autant d'injures d'une culture de l'humanité à une autre culture de l'humanité ? Peut-on en aussi peu de mots traduire tant d'arrogance et tant de condescendance ? Un président français (!) s'adresse aux cadres en devenir d'un pays d'Afrique comme s'il était le porte-parole autorisé du progrès s'adressant à des primitifs... À ceux qui luttent, cherchent à s'émanciper des dépendances économiques, financières, politiques, à ceux qui embrassent dans leurs études les problèmes de l'humanité qu'ils vivent aux avant-postes, là où le monde souffre le plus, peut-on parler avec plus de vulgarité ?

Relever les défis de l'Histoire, les étudiants sénégalais à qui l'on s'adressait le font davantage, et plus gravement que celui qui leur parlait. Ce sont eux qui se battent. Ce sont eux qui vont être les piliers d'un pays et d'un continent, qui sont surchargés de défis de l'Histoire. Et que notamment, on accable quotidiennement, en organisant les mille et une dépendances, les mille et une sujétions qui forment l'ordinaire néo-colonisation. Eux qui sautent des générations vers les sciences et les techniques, vers la compréhension du monde, de leur monde. De quelle autorité, de quel magistère, de quelle chaire un responsable politique qui ne les connaît pas peut-il leur adresser ces humiliants poncifs ?

On nous répète à l'envi que le discours avait été écrit par quelqu'un d'autre, qu'il n'avait pas été relu, que son auteur était envahi de réminiscences. Cette fable n'excuse rien. Parce que d'abord on a les conseillers qu'on choisit, et qu'ils pondent la prose qu'on mérite. Parce qu'après tout pour un discours aussi important, on peut aussi, quand on veut être ce qu'on est, quand on veut « habiter la fonction », écrire un peu soi-même. Et surtout parce qu'enfin, ce discours, il a été prononcé, et sauf à considérer que Nicolas Sarkozy ne peut pas à la fois *parler* et *penser*, prononcer et se représenter ce qu'il dit, il y a au moins une phrase, qu'on ne cite jamais de ce discours, et qui n'aurait pas pu franchir la barrière de ses lèvres. C'est la dernière. Quand il aura accepté ainsi le progrès et l'Histoire (et probablement le marché), « *alors seulement* [...]

l'enfant noir[1] *[...] comprendra qu'il peut lever la tête et regarder avec confiance l'avenir. [...] Et il se sentira enfin un homme comme tous les autres hommes de l'humanité. »*

« Comme tous les autres hommes de l'humanité » ! Je traduis en français, mais la signification est la même en wolof, et dans toutes les autres langues de tout le continent, et de tous les autres continents : tant que vous n'aurez pas fait l'effort d'être comme nous, vous ne pouvez pas vous considérer comme un homme ! « Un homme comme tous les autres hommes »... Je prétends que cette phrase, plus grave qu'aucune autre, un homme sensible, même sans les responsabilités du président de notre pays, discourant devant les étudiants d'une grande université, en un grand continent, n'aurait pas pu la prononcer. Et cela m'a rappelé : « Vous, les exclus »... Et je me suis dit que, béat devant les puissants, il manquait à Nicolas Sarkozy quelque chose d'une compréhension élémentaire quand il s'adresse à ceux qui ne le sont pas. L'embêtant, le grave, c'est que par sa bouche, pour l'instant, c'est la France qui parle.

---

1. Allusion au roman de Camara Laye *L'Enfant noir*, 1953.

Chapitre IX

Laïcité

La vie a fait que je suis engagé pour défendre la laïcité et que je suis croyant. Et même « pratiquant », comme on dit. C'est comme ça. C'est ma vie. Et je n'y vois aucun paradoxe, au contraire. Pour moi, c'est une seule et même logique de libération, d'émancipation, particulièrement lorsqu'on se reconnaît dans le christianisme, puisque le Sauveur a lui-même ouvert cette voie révolutionnaire : « Rendez à César ce qui est à César, et à Dieu ce qui est à Dieu », fondant la séparation entre les choses de l'État et l'univers spirituel.

Je croyais que la laïcité était pour la France un acquis établi, impossible à remettre en cause. Un des piliers de la maison. Peut-être le pilier principal. Je pensais que tous y adhéraient, bon gré mal gré. En tout cas, j'imaginais qu'aucun esprit, autre que marginal, ne songerait à s'y attaquer. Je le croyais d'autant plus que ministre de l'Éducation nationale j'avais eu à vérifier grandeur nature le caractère explosif du sentiment laïque. Et j'avais vécu cet affrontement comme un quiproquo : toute ma vie, élève et professeur de l'école publique, de la maternelle à l'université, me semblait apporter la preuve d'un attachement jamais démenti. Mais c'est comme en amour : les preuves sont toujours à faire…

La Constitution le confirmait puisqu'elle fait de la laïcité l'attribut de la République. J'imaginais donc que nous étions sur du béton, sur du granit : la conception française de la laïcité, si originale dans le monde, ne pourrait être mise en cause par qui que ce soit. Je me trompais.

La première alarme vint d'un livre publié par le candidat Sarkozy, *La République, les religions, l'espérance*, dans lequel était développée une thèse qui me révulse : la religion est utile à la société. Utilité de la religion, la religion comme répondant de l'ordre social : notamment, bien sûr, l'islam pour maintenir l'ordre dans les banlieues.

Il y avait bien longtemps que personne en France n'avait osé envisager la religion sous l'angle de la défense de l'ordre social… Depuis Maurras, en vérité. Et Sarkozy use d'un argument que les croyants ont avalé comme du miel, et qui est en réalité une négation de leur foi. Un hameçon pour attraper les poissons bouche bée, avec un appât sucré. Il dit : « Les religions sont utiles à la République, parce que la religion c'est l'espérance, et la République a besoin d'espérance. »

Délice pour les religieux. Cela faisait si longtemps qu'un pouvoir n'avait pas dit du bien d'eux. C'est humain, c'est compréhensible. Mais c'est un mélange des genres, un méli-mélo : l'espérance du croyant et l'espérance du citoyen n'appartiennent pas au même ordre de réalité. Si l'espérance est utile à la République, si apporter une espérance est un devoir d'État, cette espérance ne peut être sous-traitée de la République à la religion. L'espérance que l'on doit construire en démocratie est une espérance civique : nous construisons, de chaux et de sable, avec nos mains, avec notre savoir-faire, une espérance pour ici-bas, un monde plus juste, plus enrichissant, plus libérateur, pas une espérance pour l'au-delà qui imposerait qu'on se tienne tranquille ici-bas.

Accepter une telle perspective, la religion garantie de l'ordre social, parce qu'elle apporte au monde une espérance pour l'au-delà, cela donne raison à tous les contempteurs de la religion ces derniers siècles. Tiens, au passage, cela donnerait pleinement raison à Marx, pour qui, souvenons-nous, la religion était « l'opium du peuple », une drogue pour que les prolétaires rêvent, perdent leur combativité et se tiennent tranquilles.

La religion, quelle qu'elle soit, ne peut accepter d'être enfermée dans ce rôle sociologique de maintien de l'ordre au profit de l'État. Et, sauf à se renier, la République des citoyens ne devrait pas pouvoir l'accepter non plus.

La conviction religieuse, dans mon esprit, ne débranche pas de la vie du monde : au contraire, elle doit apporter un surcroît de conscience, un surcroît de sensibilité, notamment à l'angoisse des laissés-pour-compte.

Je ne suis pas théologien, Dieu merci. Mais il n'est pas interdit de s'aventurer. En tout cas, si j'avais une controverse à soutenir, je défendrais volontiers l'idée que quiconque soutient que la religion n'est qu'une espérance pour l'au-delà, celui-là trahit d'abord la foi, en ne comprenant pas qu'elle est d'abord dirigée vers le présent. Que c'est du réel, et pas du fumeux. Que c'est présence, présence actuelle d'une personne vivante. Pas une idéologie.

À Riyad, en Arabie Saoudite, s'exprimant en tant que président de la République française, Nicolas Sarkozy affirme : « Il n'est rien de plus fort que la volonté humaine lorsqu'elle est soutenue par une foi vivante… » C'est mélange des genres : la religion telle que nous la concevons au sein de la laïcité française. Ce n'est pas une idéologie qui donne à des croyants fanatisés la force de tout emporter sur leur passage. Ce n'est pas un soutien à la volonté politique. C'est un mouvement de l'âme, de l'esprit, du cœur qui donne sens à une vision du monde.

Plus grave encore : au mois de décembre 2007, Nicolas Sarkozy se rend au Vatican en tant que président. Il compose une étonnante délégation officielle de la République, formée entre autres de Mme Bruni-Tedeschi, mère de Carla Bruni, et de Bigard, comique fameux dont le slip confortablement garni d'attributs globuleux, destinés à impressionner sur le thème « il en a… », ornait il y a peu tous les murs de Paris. C'était la délégation officielle de la République pour une visite officielle au pape.

Bigard et le pape, au fond pour Sarkozy même combat ? Bigard, nous dit la propagande officielle, est un esprit religieux, et ça lui faisait tellement plaisir… On n'en doute pas, on ne doute ni de la religion, ni du plaisir. Mais en choisissant Bigard, et Mme Bruni-Tedeschi, ce pouvoir ne voit-il pas que sa charge n'est pas de faire plaisir à des personnes privées aussi pieuses et édifiantes qu'on nous les garantisse sur facture, mais de parler de la France au monde, et singulièrement de la France à l'Église… Et qu'on aura beau m'opposer des régiments d'historiens, j'aurai du mal à comprendre quel portrait, quel message on a ainsi voulu composer de la France à un tournant de ses rapports avec l'Église catholique, à Rome, siège du trône de Pierre…

Mais l'important, au cours de cette visite, fut ailleurs. Ayant repris l'antienne désormais rodée sur l'espérance, le président de la République laïque n'hésita pas à prononcer cette phrase : «*Dans la transmission des valeurs et l'apprentissage de la différence entre le bien et le mal, l'instituteur ne pourra jamais remplacer le pasteur ou le curé, même s'il est important qu'il s'en approche, parce qu'il lui manquera toujours la radicalité du sacrifice de sa vie et le charisme d'un engagement porté par l'espérance.* »

Je ne sais pas si l'on peut en une seule phrase porter plus durement atteinte à nos principes, et d'abord à la clarté de l'esprit. Difficile d'imaginer plus de confusion. Transmission des valeurs, différence entre le bien et le mal : on est dans le domaine moral. Dans ce domaine moral, la phrase veut dire textuellement qu'il n'existe pas d'autre morale valable que la morale chrétienne (le pasteur étant ici associé au curé). Au panier, Jules Ferry et sa « morale universelle du genre humain ». À preuve, l'étonnant membre de phrase « même s'il est important qu'il s'en approche », comme s'il existait une hiérarchie indépassable qui mettrait le pasteur et le curé au sommet d'une échelle dont l'instituteur occuperait l'échelon inférieur, lui dont tout l'effort, l'effort de toute une vie, devrait être de s'approcher autant que possible du curé… Et pourquoi ce gouffre infranchissable ? Parce qu'il lui manquera toujours « la radicalité du sacrifice de sa vie » et le « charisme d'un engagement porté par l'espérance ». Comme si une vocation, c'était un sacrifice.

On voit bien de quoi il s'agit : le curé a renoncé au monde, argent et femmes. (Au passage, pourquoi le pasteur ?) Et c'est cela qui le qualifie définitivement, le met hors de portée de l'instituteur, pour transmettre les valeurs et « l'apprentissage de la différence entre le bien et le mal »...

Mais de quoi je me mêle ? Qu'est-ce que ce pathos ? De quel droit le représentant d'une république laïque peut-il proférer de tels jugements ? Indécents, des deux côtés. Une vocation, ce n'est pas le sacrifice d'une vie, c'est l'accomplissement d'une vie. Et on peut donner sa vie à l'enseignement comme on donne sa vie à l'apostolat. Il arrive même que l'enseignement soit un apostolat. Et de quel droit disqualifier l'espérance de l'instituteur, par rapport à l'espérance du prêtre ? Il n'est donc jamais entré dans une classe, n'a jamais entendu la particulière qualité de silence et de sourire d'une classe réussie, pour poser sa patte sur ce don et se permettre de dire qu'il lui « manquera toujours le charisme d'un engagement porté par l'espérance ». Il ne sait pas ce que c'est que l'espérance d'apprendre à lire et à compter, l'espérance qu'il y a à transmettre la langue française, l'espérance qui donne des repères à l'enfant qui sera homme. Et qu'est-ce qu'enseigner, si ce n'est donner corps à l'espérance ? Et je me sens personnellement insulté, moi qui suis baptisé et citoyen, par ce brutal mélange des genres qui vise toujours à la même chose : spécialiser la religion dans l'espérance de l'au-delà, et la République dans la gestion du présent.

Or, la République précisément a charge d'espérance. C'est même sa première charge. Elle a charge d'espérance civique. Et elle ne peut sous-traiter l'espérance à quiconque. Elle a charge de transmettre. Elle a charge d'égalité. Elle a charge de fraternité. Le logement et l'amélioration du logement, l'éducation, la sécurité, la solidarité sont de l'espérance en actes.

Et si je prends le risque de m'aventurer ici sur un terrain qui n'est pas le mien, et que je redoute, je veux défendre une autre conviction : la foi ne peut se résumer à l'espérance. Des trois vertus, foi, espérance, charité, qui sont les trois vertus qu'on dit théologales – celles qui sont remplies de la connaissance de Dieu –, seule l'espérance parle au futur, la foi et la charité parlent au présent. La foi, c'est le don d'une présence, et la charité, c'est l'amour. Et il est insultant et réducteur de spécialiser la conviction religieuse dans l'attente soporifique d'un futur d'après la mort, si l'on comprend bien ce que ces discours veulent dire.

En vérité, il n'y a qu'une chose à leur dire : c'est « bas les pattes ! » : bas les pattes sur des réalités aussi subtiles, mystérieuses, précieuses. Et qui ne sont pas de votre ressort. Pas de votre compétence. Il n'appartient à personne dans l'ordre du pouvoir de se mêler d'injonctions qui appartiennent au monde de l'être. Il n'appartient pas au pouvoir de nous dire ce qu'il faut que nous croyions, et s'il faut que nous croyions. Ça ne le regarde pas, tout simplement ! Qu'il démêle ce genre de choses pour lui-même, en son for intérieur, s'il y arrive, et qu'il nous épargne ce galimatias.

Et qu'il nous respecte, parce que (il est paradoxal que ce soit moi qui ai à le dire !) quelle injure, quelle gifle à ceux qui précisément ont donné leur vie, ont tout risqué, agnostiques ou athées, pour construire la liberté de croire *ou de ne pas croire*. France *de la liberté de penser* ! France de Pascal, et France de Voltaire, et France de Montaigne.

J'affirme que ni Voltaire, ni Péguy, ni Hugo, aucun de ceux qui ont sculpté à la France ce visage rayonnant parmi les nations ne peut accepter la phrase qui suit :

« *La morale laïque risque toujours de s'épuiser quand elle n'est pas adossée à une espérance qui comble l'aspiration à l'infini* » ! On peine à croire qu'un Français puisse dire cela, et on n'imagine pas qu'un président français puisse l'assumer, et l'assumer en la basilique du Latran, en se faisant créer (je ne sais pas quel est le bon terme) chanoine ! Et je n'accepte pas comme citoyen que ces gens avec leurs grosses pattes et leurs gros sabots viennent nous expliquer, à nous enfants des « hussards noirs », que la morale doit forcément être liée à une religion, qu'il n'y a pas de morale sans dieu, quel que soit le dieu. Et je n'accepte pas comme baptisé qu'avec les mêmes grosses pattes et les mêmes gros sabots, ils viennent nous expliquer que la religion se résume à la morale.

Et la France de Pascal se dresse autant que la France de Hugo contre ces profanations. Tout cela, la religion, la foi, la tendresse pour Dieu, ce n'est pas votre affaire ! Vous nous offensez, à tous égards. Vous avez un seul devoir : protéger efficacement la liberté de croire ou de ne pas croire, la liberté de conscience, la liberté de culte, et rien que pour cela, il y a du travail.

Je n'oublie pas qu'il y a des gens que j'aime pour qui la foi compte plus que tout. Il en est peut-être pour qui ces discours sont apparus comme une reconnaissance. Et sans doute en ont-ils été heureux. Il convient qu'à ceux-là, directement, je dise un mot : avez-vous jamais songé que si vous reconnaissez à un président le droit de sortir de son rôle pour proclamer du haut de son magistère que la religion est *utile*, vous reconnaissez, en même temps, du même mouvement, à un autre président, un jour, le droit de proclamer que la religion est *nuisible* ? Et que direz-vous, ce jour-là ? Si vous acceptez que l'un vante une religion, vous acceptez que l'autre la condamne ; si vous acceptez que l'un lie la France à un culte, vous acceptez qu'un jour un autre lie la France à un autre culte. Nous allons vers des temps troublés. Il n'est qu'une protection pour la foi : c'est de la mettre hors de portée de la politique. De considérer que le responsable du temporel n'a pas compétence sur le spirituel, de rappeler sévèrement à chacun quelle est sa mission, et de ne pas transiger.

Nous ne voulons pas d'une religion d'État. Ni de plusieurs religions d'État. Nous ne voulons pas d'un État qui s'acoquine avec les religions pour défendre ses intérêts. Nous n'en voulons pas comme Français, ni comme Européens, ni comme citoyens, ni comme croyants. Nous considérons que c'est un insupportable retour en arrière. Et nous considérons que, dans le passé, les dégâts causés par la connivence entre État et religion ont blessé autant l'État que la religion. Et que le catholicisme, particulièrement, a supporté pendant des décennies l'opprobre d'avoir été religion d'État. Et si l'anticléricalisme a été si fort et si agressif en France, ce fut la conséquence directe de cette connivence entre le trône et l'autel. Alors, bas les pattes ! Vous touchez à des sujets pour lesquels beaucoup se sont fait tuer, dans *la radicalité de leur engagement*, comme vous dites sans même imaginer la portée de vos phrases.

Une fois passé la suffocation d'indignation qui saisit toute conscience libre en face d'un tel retour en arrière, on en vient à se poser une question jamais abordée : pourquoi ? Qu'est-ce qui les pousse ? Qu'est-ce qui les meut ? Ils n'avaient rien d'autre à faire, en ces temps troublés, que d'aller ainsi agiter des fantômes ?

Je ne vois qu'une inspiration possible. L'inspiration, c'est le mouvement néoconservateur, version Bush. La stratégie électorale qui fut développée avec le succès que l'on sait, notamment en 2004 pour la réélection du précédent président américain. D'habitude, les stratégies électorales visent l'électorat modéré, celui qui hésite, qui trouve des avantages aux deux candidats. Innovation remarquable, en 2004, les stratèges de Bush ont décidé de bâtir leur victoire sur le noyau dur de leur électorat, la droite dure religieuse américaine, la droite qui soutenait la guerre en Irak. Et qui l'avait inspirée, dans ses milieux les plus discrets, les plus influents.

Il s'agit de s'attacher les noyaux durs de la droite française et, s'il le faut, de constituer des noyaux durs, là où ils n'existaient pas, ou n'existaient plus. Et le plus sûr moyen de les constituer, c'est de susciter des polémiques. Pour opposer les Français les uns aux autres, sur tous les sujets potentiellement explosifs.

Ils disent guerre aux tabous ! Fin de l'hypocrisie ! *Et pourquoi j'en parlerais pas !...* Ce qu'ils cherchent, c'est l'affrontement, parce que l'affrontement seul est source de passion, et que la passion fournit des bataillons d'électeurs. Si la logique est logique de guerre, un groupe contre l'autre, une partie du pays contre l'autre, alors c'est la détestation qui prend le dessus et la détestation se vit épidermiquement, les yeux fermés. Et apporte beaucoup de voix... Le régressif est plus payant. Plus primaire.

Je crois que leur stratégie est de constituer ou de conforter des *noyaux durs*. Qu'ils classent les catholiques parmi les noyaux durs de la droite. Que c'est à ces noyaux durs que l'on parle donc depuis le Latran, en mettant le curé au-dessus de l'instituteur, avec Bigard. Et de tout cela, on ne sait pas bien s'il faut rire ou pleurer.

Chapitre X

Les médias sous influence

Un jour de septembre 2006[1], j'ai décidé de sortir du silence dans lequel vit, tout entière, la partie encore non soumise du monde politique et médiatique. J'ai braqué le projecteur sur une réalité inédite de la vie démocratique française : la constitution, au service d'un seul homme, d'un réseau médiatique puissant, associant dans son intimité et son projet politique les plus importantes puissances de presse écrite et de l'audiovisuel.

Bien sûr, je m'attaquais à de lourds intérêts, à de grandes connivences. Tout le monde le sait : les soumis, ou les complices, ou les parrains du réseau en vivent. Beaucoup d'autres, journalistes, responsables de rédaction, le subissent, font le dos rond. Ils espèrent que les choses changeront. Mais il faut bien vivre. Eux aussi ont des enfants à nourrir, une vie à porter, des années à passer dans un métier de plus en plus difficile, où on fait de moins en moins de cadeaux, et où tout se tient. Quand les journaux perdent de l'argent,

____
1. Au journal de 20 heures de TF1, afin que nul n'en ignore...

quand les rédactions se vident de plans sociaux en plans sociaux, il n'est pas aisé de résister. Pour entrer en guerre, il faut prendre de gros risques, et l'héroïsme, au quotidien, c'est moins facile qu'on ne croit. On y risque de l'essentiel. À la vérité, souvent, on arrive à l'héroïsme parce qu'on ne peut pas faire autrement. Cela vous tombe sur le coin de la figure, comme une foudre. Mais on le choisit rarement de plein gré. Cela aussi fait partie de la vie. Et il est vrai qu'il suffit d'une *fatwa* pour que vous vous retrouviez interdit de séjour dans toutes les rédactions. Peut-être même pas parce qu'un interdit aura été explicitement édicté. Mais parce que la peur règne partout. C'est déjà assez difficile, le métier de la presse aujourd'hui, et les relations des rédactions avec les actionnaires, et la relation des actionnaires avec le pouvoir, sans aller encore chercher des ennuis… Encore se signaler comme *provocateurs*. Car nous en sommes arrivés à un temps où embaucher quelqu'un qui a été licencié pour avoir déplu au pouvoir sera forcément ressenti comme une provocation. Pas seulement ressenti comme tel par le pouvoir. Mais par les responsables des journaux eux-mêmes ! Par les responsables des rédactions eux-mêmes. C'est de l'intérieur que ça vient. C'est dans la communauté qu'on vous ostracise, même sans ordre. Vous avez été banni : vous portez la poisse, des risques d'ennuis. Et les plus brillantes carrières peuvent en être coulées. Demandez à Genestar.

Alain Genestar avait aligné tout ce qu'il faut pour réussir. Beau garçon. Intellectuellement agile. Vite repéré à *L'Écho républicain* de Chartres où il devient un des éditorialistes de province les plus cités dans les radios, et des plus jeunes. Il a trente ans. Il est appelé à *Paris Match*, auprès du directeur emblématique du journal, Roger Thérond. Puis, Jean-Luc Lagardère lui confie *Le Journal du dimanche*. Deux ans. Et puis c'est l'accomplissement, il succède à Thérond, il devient le patron de *Paris Match*, il reçoit le fauteuil d'une légende vivante. L'aventure durera sept ans. Grand fauteuil. Dans les années qui suivent, Genestar est conforme, hyperconforme. *Paris Match* devient, en même temps que l'organe officiel du règne Chirac qui s'achève, le principal propagandiste de la montée orchestrée de Nicolas Sarkozy. Les reportages pleuvent, les unes aussi : particulièrement à partir de la mort brutale du créateur du groupe, au printemps 2003. Les éditos prennent ouvertement parti, et c'est sans précédent, dans un journal qui montrait toujours, mais ne s'exposait jamais. Les éditos, en particulier, atteignent des sommets dans l'art pourtant largement pratiqué du cirage de pompes : « *Nicolas Sarkozy a fait le choix de la rupture. Un position-nement rare sous la Ve République au sein de la même famille, du moins dans la fermeté et la clarté de l'affir-mation de sa différence. La franchise du ministre de l'Intérieur est d'ailleurs payante. Les électeurs le suivent dans sa volonté de tuer le vieux chef, comme les récents sondages le montrent. Sarkozy, quand il parle sans complaisance des années Chirac, est écouté. Il tire son succès du parler vrai qui tranche avec la langue de bois, habituelle dans ce genre d'exercice autrefois pétri de prudence hypocrite*[1]. » À l'époque, cette complaisance me fâche, m'exaspère, je me dispute avec les journa-listes qui n'en peuvent mais.

Mais le Genestar qui cire les pompes, un jour, lui qui a si largement mis en scène la famille Sarkozy en

---

1. *Paris Match*, semaine du 14 au 21 septembre 2005.

famille, la famille Sarkozy au travail, la famille Sarkozy à la plage, sort du moule. La rumeur de la séparation entre Nicolas et Cécilia Sarkozy prend corps, s'affirme, roule dans le microcosme, d'abord chuchotée chez les initiés, avec des regards inquiets pour s'assurer que personne n'écoute, ensuite chez les proches des initiés, à voix basse, ensuite chez les courtisans, en faux-bourdon, enfin à sons de trompe chez tous ceux qui connaissent quelqu'un qui connaît quelqu'un, c'est-à-dire, Paris étant ce qu'il est, chez tout le monde... Le nouveau couple se cache peu. Les photos des paparazzi pleuvent. *Match* les achète, pour ne pas les laisser traîner. Affolé par la perspective de se faire « griller », Genestar décide de publier. Il est vrai que c'est la première fois. Et que ce n'est pas anodin. À cet instant, une *fatwa* est décrétée contre lui. Nicolas Sarkozy dit publiquement que, c'est fait, il a sa peau. La sentence sera exécutée quelques mois plus tard, même accompagnée de confortables indemnités. Mais Genestar ne retrouvera pas de travail dans la presse. Il créera plus tard, et c'est une idée intéressante, son propre photo-journal[1].

Simplement, dans le métier, tout le monde saura que la foudre jupitérienne est sans appel. On se le tiendra pour dit. On fera attention. Je pense que c'est le principal effet que recherche Nicolas Sarkozy. Effet d'intimidation. On ne se sent vraiment Jupiter que dès lors qu'on tient la foudre dans sa main droite. Et à ce moment seulement, les autres découvrent que vous êtes Jupiter. Le maître n'est vraiment maître que lorsque l'accepte le regard de l'esclave soumis. Hegel a

---

1. *Polka Magazine.*

tout juste. Se voir maître, s'accepter esclave : ni l'une ni l'autre des deux révélations n'est à négliger, quand on n'est pas tout à fait sûr, au fond de soi...

Il y a une chose que je reconnais chez l'actuel président de la République. Il sait où il va. Et il l'a su si tôt que cela force chez moi la considération. Il a su où il allait et ceux qui allaient l'accompagner, les riches et les puissants. Et notamment les puissants des médias.

C'était fort. Car aussi incroyable que cela paraisse, 95 % des politiques sont aussi désarmés que des enfants devant ces réalités. Ils ne savent même pas que ça existe... J'étais comme eux. Je connaissais les journaux, je m'y intéressais. À vingt ans, j'ai appris la maquette, et la typographie, et l'imprimerie. Une passion, que je pratique encore. Je connaissais et j'aimais les journalistes. Nous étions, au début des années 80, une génération de jeunes hommes politiques et de jeunes journalistes pleins de vie et d'éclats de rire, qui avons grandi ensemble, et nous ne l'avons pas tout à fait oublié. Mais à peine savais-je qu'il existait des groupes. Je ne voyais que les rédactions, pas les capitaux. J'avais l'impression que tous ces journaux étaient indépendants, et beaucoup l'étaient. Je n'identifiais pas d'influence sur eux. Je voyais leurs opinions, mais je n'imaginais pas la moindre dépendance économique. C'était un temps béni. Ou je ne voyais pas plus loin que le bout de mon nez. Un peu des deux. Pour dire, l'épouvantail, à l'époque, c'était Hersant. Un monstre de libéralisme, par comparaison à la concentration de la presse aujourd'hui. Car les carnets de commande d'Hersant, au moins, ne dépendaient pas directement du pouvoir...

Nicolas Sarkozy n'a eu aucune de ces ignorances. Il est allé droit au but. Il a compris dès l'origine le mouvement de concentration et de confiscation qui s'était enclenché. Et il a décidé de le contrôler.

À l'époque où nous en étions à nous occuper des programmes pour les élections, et des idées, lui s'occupait des futurs magnats de la presse et de la télévision. Directement. Personnellement. Cela s'appelle ne pas perdre son temps.

Dans les années 80, les grands industriels ont regardé presse et médias comme les poules regardent les couteaux : sans rien y comprendre et sans savoir le moins du monde comment s'en servir. Quelquefois, rarement, comme les banquiers regardent les danseuses. On peut en entretenir une, mais on n'y risque ni la totalité de sa fortune, ni sa réputation. La danseuse de Marcel Dassault, c'était *Jour de France*, et tout le monde souriait.

C'est que l'aventure de Jean Prouvost, industriel textile devenu immense patron de presse (avant la guerre *Paris-Soir* se vend à près de deux millions d'exemplaires tous les jours), s'est finie en capilotade. La guerre et l'Occupation ont porté un coup à la réputation du groupe[1]. Mais il reconstruit son empire : appuyé sur son immense groupe textile, la Lainière de Roubaix, il fonde *Paris Match*, publie *Marie-Claire*, achète *Le Figaro*, crée *Télé 7 jours*, *Cosmopolitan* et quelques autres. Cependant la déconfiture menace. La mort du fondateur, au milieu des années 70, précipite la crise. Cela rend tout le monde prudent.

----

1. Jean Prouvost, éphémère ministre de l'Information du gouvernement Reynaud, puis du premier gouvernement Pétain dont il démissionne au moment des pleins pouvoirs, a cependant été condamné à la Libération à l'indignité nationale, avant de bénéficier d'un non-lieu en 1947.

C'est alors que des capitaines d'industrie, plus avisés que d'autres, se lancent à leur tour dans la bagarre. Ils devinent que la presse peut redevenir, associée à de grands médias audiovisuels, un secteur de profit. Ils ont surtout compris que lorsque vous entriez dans le bureau d'un ministre auréolé de la puissance d'un grand patron de presse, celui-ci n'avait pas grand-chose à vous refuser.

À des époques différentes, l'un après l'autre, l'idée s'impose chez des personnalités hors norme : Jean-Luc Lagardère, Francis Bouygues, Serge Dassault, Vincent Bolloré.

Ce qui s'installe alors en France est sans aucune comparaison dans le monde démocratique. Bien sûr, ailleurs, il existe aussi des magnats de la presse, qu'en Amérique on désigne *tycoons*, d'un mot japonais qui veut dire, paraît-il, « grand chef », seigneur de guerre. Orson Welles a fait de *Citizen Kane* le tycoon de légende, conquérant de journaux qui mourra solitaire après avoir rêvé de s'imposer en politique. Mais tous les pays démocratiques ont construit une barrière étanche entre pouvoir politique et médias. On comprend pourquoi : quel peut être le degré d'indépendance d'un groupe de presse par rapport au pouvoir, lorsque c'est précisément ce pouvoir qui signe les bons de commande dont dépend la vie du groupe ? Et quel peut être le degré de liberté d'un pouvoir, quel qu'il soit, si son image dans les médias dépend, à un titre ou à un autre, des obligations réciproques contractées avec les patrons de médias ? Et je ne parle pas d'obligations morales, de reconnaissance, de soutien, cela c'est le lot commun, et cela s'oublie assez vite… Je parle d'obligations d'affaires, je parle de commandes, de chiffre d'affaires pour le groupe.

Lagardère vend des systèmes d'armes, des satellites, des avions. Dassault des avions militaires et civils. Francis Bouygues, des autoroutes, de grands équipements publics.

Nicolas Sarkozy a décidé de les séduire, un par un. Non pas seulement de préparer avec eux des rapports de pouvoir. Non pas seulement d'en faire des partenaires dans la perspective d'intérêts bien compris. Mais de les associer, intimement, à son aventure, par des échanges de services *préalables* à la prise de pouvoir, par l'intimité de l'amitié ou du copinage, par tous les liens de l'obligation réciproque.

C'est sans précédent. C'est impressionnant, parce que c'est non pas une manœuvre, mais une stratégie. Car non seulement il a mis en œuvre une séduction profonde de quelques-uns, mais il a décidé de les séduire *tous*. Il n'a pas choisi d'en avoir quelques-uns comme amis intimes. Il a décidé de les avoir tous ! Ce qui m'épate, c'est qu'il ne s'en trouve aucun pour prendre quelque distance avec cet amour universel… Il nous manque un Alceste :

> *« Je refuse d'un cœur la vaste complaisance*
> *qui ne fait de mérite aucune différence ;*
> *je veux qu'on me distingue ; et, pour le trancher net,*
> *l'ami du genre humain n'est point du tout mon fait. »*

Il est vrai que si l'amitié se nourrit d'attentions, les attentions à leur égard ne manquent pas.

Tout le monde le sait : un réseau serré s'est créé en peu d'années qui a mis l'État en situation de *rendre service,* directement ou indirectement, à tous ceux qui concentrent entre leurs mains la puissance médiatique. Les proches du pouvoir qui tiennent les médias ont beaucoup à attendre de ses faveurs. Et les gouvernants peuvent compter sur de solides soutiens. Réseau d'obligations réciproques entre puissants du monde politique et puissants du monde médiatique.

Tout le monde le sait. Cela est public, ou avoué presque ouvertement. Arnaud Lagardère ne fait pas mystère de l'aide que lui a apportée Nicolas Sarkozy, alors ministre des Finances, en 2004. Chacun sait que le ministre des Finances est maître des transactions fiscales, notamment lorsqu'il s'agit de droits de succession. Après la mort brutale de Jean-Luc Lagardère, sa succession embrouillée menaçait de se solder par de lourds prélèvements. Cela fut, paraît-il, réglé en une phrase : « On signe ton truc fiscal et on passe à autre chose…[1] ». Interrogé par la commission des finances de l'Assemblée nationale sur « l'aide » que lui aurait apportée cette année-là Nicolas Sarkozy, le patron de presse ne fait même pas semblant d'être surpris. Il éclate de rire : « *Alors là, on a droit à un joker ici… Ou bien je téléphone à un ami, ou je demande le 50/50. Mais très franchement je préfère ne pas répondre à cette question…* » Au passage, notons qu'aucune émotion ne s'exprime au sein de la commission devant une aussi désinvolte provocation. Tout le monde fait chorus avec de gros rires… On comprend mieux le « *Je ne vous le présente pas comme un ami, je vous le présente comme un frère…* » du même Arnaud Lagardère introduisant Sarkozy lors d'un comité de direction devant tous les patrons des journaux de son groupe.

Tout le monde le sait. Et cela n'émeut personne, du moins officiellement. Les contrats se multiplient. Par

---

1. Cité dans le remarquable article de Marie Bénilde, « M. Sarkozy déjà couronné par les oligarques des médias », *Le Monde diplomaique*, septembre 2006.

exemple, le groupe Bouygues a reçu commande ces derniers mois de trois prisons supplémentaires, plus de 2 000 places, dont il assurera non seulement la construction, mais, à la tête d'un consortium, l'ensemble des services aux prisonniers, restauration, accueil des familles, formation des détenus, travail des détenus, transport. Trois prisons après trois autres l'année précédente. Plus important : tout le monde pressent ce que vont être les grandes manœuvres, prévisibles depuis longtemps, autour de la prise de contrôle, par Alstom interposé, du secteur du nucléaire civil en France. Le secteur le plus sensible, développé avec l'investissement de l'État et l'argent du contribuable, tombant sous le contrôle d'un seul groupe, aussi ouvertement connivent avec le président de la République, et aussi important dans les médias... Tout le monde le sait et aucune réticence ne s'exprime, aucune colère ne gronde. Et c'est vrai aussi dans la presse écrite : en plus des commandes annuelles de la Défense au groupe Dassault pour les avions de combat, le gouvernement a annoncé le renouvellement complet du parc d'avions civils à disposition du gouvernement, l'ex-fameux GLAM[1], devenu ETEC[2], ce qui doit représenter plusieurs centaines de millions d'euros, au bas mot... En pleine crise, et notamment en plein drame budgétaire...

Encore n'y a-t-il là que ce que nous apprenons en lisant les journaux : sans doute seulement la partie émergée de l'iceberg.

D'autres groupes de presse s'affirment, relevant tous de la même intimité avec le pouvoir. Bernard Arnault,

---

1. Groupe de liaison aérienne ministérielle.
2. Escadron de transport, d'entraînement et de calibration (on ne rit pas...).

première fortune française, témoin de mariage de Nicolas Sarkozy, prend la tête des *Échos*. Et pour faire bonne mesure, c'est le président de la République lui-même qui, court-circuitant l'investisseur, annonce aux journalistes la nomination de leur futur patron, Nicolas Beytout. Vincent Bolloré construit un groupe multimédia, lui qui, pour se réconcilier paraît-il avec celui qui allait être élu, se mit en quatre pour lui plaire, prêtant son yacht pour accueillir la méditation d'après-victoire, son avion pour voyager en Égypte, et profitant *ipso facto* de cette proximité présidentielle qui ne doit pas être de peu de poids sur le continent africain. Bien des bruits courent sur la place que l'on réserverait à Vincent Bolloré dans le futur paysage médiatique, quand le jour viendra d'une redistribution des cartes. Entre amis.

Ce sont des noms à peine connus des Français. Dans l'esprit des citoyens de base, leurs entreprises de presse ne leur sont pas reliées. Pour les Français Europe 1 est une radio, et *Paris Match* un hebdomadaire : ils ignorent qu'ils appartiennent au même groupe, avec d'innombrables journaux, plusieurs dizaines de publications dont les fleurons se nomment par exemple *ELLE*, *Le Journal du dimanche*, *Télé 7 jours*. Dassault, c'est *Le Figaro*. Bouygues, on le sait davantage, c'est TF1 et LCI. Au total, combien de journaux ou de chaînes totalement indépendants ?

Objection, votre honneur, comme on dit au cinéma : les journalistes ne sont pas liés par leurs propriétaires. Bien sûr, ils ne sont pas liés, mais le climat dans les rédactions, le poids des menaces implicites, la volonté d'être bien vus par les responsables, d'échelon en échelon, l'attente de promotions, tout pèse. Ce qui fait que la censure explicite est rare, bien qu'on en mentionne volontiers des exemples, tel sondage sucré, telle information sur l'abstention volontaire de l'épouse au deuxième tour de scrutin. Mais ce n'est pas la censure qui est à craindre, c'est l'autocensure, la retenue, le silence, ce qu'on sait et qu'on ne dit pas. Comment braver son patron en des temps si difficiles quand on sait que ce même patron est pêle-mêle le témoin de mariage du président, le « frère » du président, l'ami intime du président, le parrain d'enfant du président ou réciproquement, le compagnon de cyclisme du président, le confident du président. Et que le président en question ne laisse rien ignorer de ce que ces intimités lui apprennent de la vie interne des rédactions.

Jusque-là, il restait un recours : c'était le service public. Car même si le réseau étendait sa toile sur l'information privée, on savait qu'il était un univers protégé, l'audiovisuel public, la radio du service public et la télévision aussi, garantis dans leur indépendance par le CSA (Conseil supérieur de l'audiovisuel), et l'on se disait, au fond de soi, quand on était un « dissident », que là, au moins, on trouverait un espace. On savait bien, sans doute, que le goût de plaire n'était pas totalement absent de ces lieux même protégés, mais on se disait que l'institution, au moins, défendait la liberté de parole.

Nicolas Sarkozy est un esprit méthodique : il sait où il va. Même si c'est précisément là où nous ne voulons pas aller.

Il a donc choisi, sciemment, sans broncher, de réduire cette poche d'autonomie, cette possible résistance. En janvier 2008, sans en avoir prévenu personne, même pas la commission qu'il avait chargée de réfléchir à l'avenir de l'audiovisuel public, même pas, surtout pas, la ministre en charge de la communication, il annonce qu'il fusionne les sociétés de télévision, qu'il nommera lui-même le président de la société unique ainsi constituée, et qu'il supprime la publicité sur ces chaînes.

Il paraît que l'inénarrable Alain Minc est à l'origine de cette idée qui fait coup double, coup triple.

D'abord, la gauche est paralysée, tous ceux qui ont un jour ou l'autre glorifié la BBC, sa vertu et son autorité, son indépendance complète vis-à-vis de la pub, seront bien forcés d'en rester cois...

À audiovisuel public, fonds publics. Tout le monde a pensé cela, un jour ou l'autre. Et, en effet, bien réfléchi, bien préparé, réservé à une chaîne de référence, à la fois grand public et d'exigence, cela aurait été un vrai grand progrès. Mais, à la va-vite, sans compensations pensées dans le temps, ce ne sera plus l'indépendance des chaînes publiques, mais une dépendance accrue, et cette fois non plus à la pub, mais directement au pouvoir.

Financer l'ensemble des chaînes sans publicité, cela aura deux conséquences : d'abord renvoyer la publicité auparavant captée par le service public sur d'autres supports, et cela représente quelque 800 millions d'euros, dont les bénéficiaires futurs devront reconnaissance ; et ensuite rendre les chaînes publiques annuellement dépendantes pour leur survie, pour leurs budgets de création et de fonctionnement d'une décision politique, à la discrétion de la majorité du moment. Les présidents, leurs attachés spécialisés auprès des parlementaires devront conquérir la bienveillance de ces majorités pour que leur soit garanti leur financement.

Chaque année, dans les mois précédant le vote du budget, il faudra montrer patte blanche. Et tout au long de l'année, cette épée de Damoclès de la future décision budgétaire planera au-dessus du président, des responsables de chaînes et d'émissions... Il faudra se mettre dans les petits papiers des parlementaires influents et du pouvoir qui les commande, ou des partis qui les dominent. C'est un recul sans précédent, une corruption des rapports entre le service public et le pouvoir.

Corruption aggravée par l'incroyable décision, qui n'a pu être acceptée que dans une séquence inédite d'affaiblissement de l'esprit public, de remettre au président de la République le pouvoir de nommer directement le président du service public. Tous les pays démocratiques, sans exception, ont créé une barrière, un mur de verre entre télévision et radios publiques et le pouvoir. Tous. Ils ont mis au point des processus incroyablement sophistiqués pour que ces responsables soient désignés, non pas par le *pouvoir*, mais par une émanation légitime de la *société*. Au Royaume-Uni, le Conseil des gouverneurs qui a la charge de cette nomination est pluraliste, nommé par la Couronne sur proposition du gouvernement après consultation de l'opposition. En Allemagne, ce sont les Länder qui ont cette responsabilité. La nomination de l'intendant en charge de l'audiovisuel est déléguée à un conseil pluraliste composé de représentants des courants politiques, des syndicats et des Églises...

Le service public n'appartient pas au pouvoir, il n'appartient même pas à l'État, il appartient à la communauté des citoyens, des spectateurs ou des auditeurs, qui paient la redevance, d'un même montant, quels que soient leurs moyens. Tous égaux dans la contribution, de toutes opinions, de toutes conditions : à tous, on doit la plus stricte justice, le plus strict respect du pluralisme, notamment dans l'information et dans l'organisation du débat. Personne n'a le droit de s'approprier ces chaînes, même pas le pouvoir, surtout pas le pouvoir. Sinon, on n'est plus une démocratie, plus un pays de libertés.

Bien sûr, cette confiscation est infiniment grave, même si elle n'est pas mobilisatrice dans l'opinion.

La France, avec beaucoup de retard sur bien d'autres, avait mis des années, d'abord à sortir de l'ORTF, la société unique qui avait la haute main sur tout l'audiovisuel public. C'est Valéry Giscard d'Estaing qui assuma cette décision pour qu'il n'y ait plus d'autorité unique sur notre information publique. Ensuite ce fut François Mitterrand en créant la Haute Autorité de l'Audiovisuel, devenue plus tard CSA, pour que les nominations se trouvent remises entre d'autres mains que celles du pouvoir. En créant un sas, certes imparfait, entre le pouvoir politique et la décision de nomination. « Nomination » est d'ailleurs un terme impropre : il ne s'agit pas de nomination, mais d'élection. La différence, si l'on y réfléchit, est considérable : dans une nomination, le nommé est redevable, il doit sa fonction à quelqu'un. Dans une élection, il n'y a pas ce genre de dépendance : la décision est collégiale et au scrutin secret. On ne doit rien à personne, en tout cas, on ne doit pas tout à quelqu'un.

C'est évidemment une telle dépendance qui est désormais recherchée. D'autant que, pour comble d'impudence et de désinvolture, le pouvoir actuel a assorti cette désignation par le président d'une disposition plus alarmante encore si possible : nommé par l'exécutif, le futur président sera aussi révocable par lui. Jusqu'alors, une fois élu par le CSA, le président

était inamovible. Il était donc libre. Ici, il sera doublement tenu, annuellement par le vote du budget, et
quotidiennement par la menace de révocation s'il lui
prenait l'envie d'entrer en conflit ou de ne pas se montrer suffisamment souple.

L'entreprise est donc avancée. Il faut l'appeler par
son nom. C'est une entreprise de confiscation de
l'information en France, visant au contrôle des esprits
et de l'opinion publique, par la concentration entre
des mains amies et conniventes de la part la plus
grande possible de l'audiovisuel et de la presse du secteur privé, par la prise de contrôle politique et financière de l'audiovisuel public. Il s'agit que le pouvoir, le
pouvoir actuel, place désormais les siens aux postes
de commande, pour que passent les messages dont
dépendra sa survie.

D'autant que la nature de l'information change à la
vitesse de la lumière. Il est encore plus important de
contrôler les supports dans la mesure où l'information
est entrée dans l'ère de l'instantané, du jetable, du
sans-suite.
Les supports sont en réseau. Leur seule logique est
celle de l'audimat et de la vente. L'attention est éphémère. Les événements, donc les sujets, sont fournis
chaque jour à profusion, tant et tant que nul ne peut
les suivre. Il n'y a donc plus de débats possibles, et les
débats eux-mêmes s'épuisent dans le fugace et le
provisoire. Le pouvoir est installé dans l'impunité.
Exposé comme jamais, il est en réalité à l'abri comme
jamais. Il suffit d'attendre deux jours et l'oubli a fait son
œuvre. Voilà pourquoi le contrôle des réseaux privés et
publics et la maîtrise de l'éphémère ne sont pas deux

phénomènes distincts, c'est le même plan : c'est la même logique. Il s'agit une fois pour toutes de débarrasser les pouvoirs de la crainte qui les hantait depuis des décennies : la crainte de l'enquête, l'emmerdeur qui va débusquer ce qu'on voulait cacher, le révéler au citoyen pour que sa réflexion mûrisse, et que l'indignation civique se construise, empêchant l'abus de se perpétuer.

Le temps passe de plus en plus vite. Il y a une phrase de Montherlant que j'aime beaucoup : « De tout ce qu'il y a dans les journaux, au bout de six mois, il reste ce qui reste d'une danse de mouches dans un rayon de soleil[1]. »

Aujourd'hui, ce n'est plus six mois, ni six jours. À peine six heures. L'information de la veille est déjà vieille. Dans les rédactions on se dit : on ne va tout de même pas revenir sur telle affaire qui a déjà quinze jours. Ainsi passent les vacances présidentielles, les limogeages présidentiels, les altercations présidentielles, les infractions présidentielles à la loi, l'une chassant l'autre. Je ne sais pas si, à ce rythme, des affaires qui exigent une enquête approfondie, des développements dramatiques, en un mot du temps, à l'exemple du Watergate qui condamna Nixon aux États-Unis, pourraient encore s'imposer...

Sarkozy a compris cela, mieux que quiconque.

C'est un compliment. Il n'a pas seulement compris mieux que d'autres comment mettre la main sur les journaux et les chaînes. Il a théorisé très tôt, et méthodiquement appliqué à l'action politique, la logique du fugace et de l'éphémère qui est celle de la télévision, depuis l'avènement de la télécommande.

---

1. Henry de Montherlant, *Service inutile*, Grasset, 1935.

Les deux logiques que Nicolas Sarkozy a choisi d'appliquer à la communication politique, les deux mamelles de cette action, comme aurait dit Sully, sont celles mêmes des programmes de télévision, *zapping* et *casting*. Il s'agit d'aller plus vite que le journaliste, plus vite donc que le lecteur, l'auditeur et le téléspectateur. Qu'importe ce qu'on fait, l'essentiel est de ne pas se faire prendre : si on multiplie les déclarations, les événements, les sorties, les décisions, plusieurs par jour, personne ne vous attrapera. « Vous m'attendrez ici, je serai déjà là-bas », disait-il. Tout le monde croyait qu'il se vantait. Il ne se vantait pas. Il maîtrisait à l'avance cet art dérisoire, sans doute, mais efficace, la stratégie du « bougisme ». En vérité, le chasseur démocratique, le poursuivant civique ne peut ajuster son tir que s'il a le temps d'épauler, de viser, d'identifier ce qu'il a dans son viseur, avant d'appuyer sur la détente. Si la cible passe trop vite, le regard ne peut pas la saisir. Et pour que le peuple des citoyens s'en empare, il faut des jours et des jours. Désormais, il n'y a plus des jours et des jours.

Et le *casting* permet de mettre des visages, de l'humain, des histoires, qui servent au peuple à s'émouvoir dans la durée de temps disponible. C'est ainsi que le gouvernement est composé comme un générique, avec des vedettes sorties de l'ombre, et bientôt jetées comme des Kleenex, le temps venant que d'autres visages puissent reprendre le rôle. Et sur les nouveaux visages on fera les mêmes articles, les mêmes photos. Bien sûr, au passage, la logique de *casting* fait pas mal de déçus, ou de déçues, pas mal de victimes. Mais on ne fait pas d'omelette sans casser quelques œufs, diront-ils...

Le rideau de fumée est une arme moderne. Une des fiertés de ma circonscription c'est l'entreprise Turbo-meca, qui fabrique quelque deux sur trois des moteurs d'hélicoptères qui volent dans le monde. Leur maîtrise de la technologie des turbines leur permet de produire en plus un générateur de fumées si opaques que l'adversaire ne sait plus où il se trouve et où se trouvent les soldats qu'il combat.

En communication, le *people* est un formidable, et plaisant, rideau de fumée. C'est un leurre. Tant qu'on s'intéresse aux romances des uns, aux peines de cœur des autres, à la paternité problématique des troisièmes, aux conjoints, réels ou supposés, de tous, on évite que les vrais sujets soient abordés. Les vertueux peopolisateurs objectent que cela permet de mieux connaître les personnalités qui gouvernent ou aspirent à le faire. C'est largement faux, tant tout cela est mis en scène, exposé à fin de raconter une histoire édifiante ou excitante, souvent, le plus souvent, sans grande ressemblance avec la réalité. C'est de la com', comme on dit, pure et simple, en ce sens pour moi fort inquiétant qu'elle cherche non pas à révéler, mais à distraire l'attention. Il paraît que c'est l'activité la plus recherchée aujourd'hui, le fin du fin, le *story telling*, l'art de raconter des histoires aux gens.

Il est temps que nous disions, au moins entre nous, que de cela le citoyen a tout à redouter, la démocratie au sens propre du mot, tout à craindre.

Car la démocratie ne va pas sans conscience. « La démocratie est l'organisation sociale qui permet de porter au maximum la *conscience* et la *responsabilité* civique de chacun », disait magnifiquement Marc Sangnier. Le but de la démocratie, c'est la responsabilité du citoyen, du citoyen ordinaire, mon prince, pas des initiés, de nous et de vous en ce que nous sommes ordinaires, que nous l'avons été et que nous le redeviendrons, pas des experts et des sachants. Et la clé de la responsabilité, c'est la conscience. Et la conscience, le lent travail de conscience ne se construit pas sans information. Hannah Arendt a publié en 1967 un magnifique texte, dans le *New Yorker* : « La liberté d'opinion est une farce si l'information sur les faits n'est pas garantie et si ce ne sont pas les faits eux-mêmes qui font l'objet du débat[1]. »

On y revient toujours, Messeigneurs et chers camarades, même si ça vous embête et vous contrarie, la seule chose dont on ait besoin vraiment, pour construire une démocratie, pour construire un pays libre, pour construire un grand pays moderne, c'est la vérité. La vérité toute bête. Péguy disait : « Dire bêtement la vérité bête, tristement la vérité triste, ennuyeusement la vérité ennuyeuse. » Établir de la vérité, pour établir de la réalité. C'est de réalité dont on a besoin pour penser, être sûr d'un fait, d'une information, pour développer une analyse. Combattre de toutes ses forces le monde des illusions, des éphémères. Non pas parce qu'ils passent, mais parce qu'ils empêchent de voir ce qui dure, ou ce qui compte vraiment, ou ce qui va compter.

Voilà pourquoi il faut regarder attentivement ce qui se passe du côté d'internet. Le livre, la presse, le papier, comme on l'imagine, c'est ma vie. L'encre, pour moi, c'est passion. J'en aime même le parfum. Mais, pour l'instant le média papier a du mal à suivre le train d'enfer imposé par le pouvoir pour égarer la meute

____

1. *Vérité et politique*, traduit et publié dans *La Crise de la culture*, Paris, Gallimard, Folio essais, 1997 (1re édition française : 1972), p. 303.

dont la vocation est de le suivre. Je suis sûr que des réponses inédites vont être trouvées aux problèmes qui pour l'instant paralysent l'édition, l'impression, la distribution, tout l'équilibre économique des médias écrits. Et je suis sûr que les journaux sur papier vont inventer, en peu d'années, un nouveau modèle de traitement de l'information. Ils vont apprendre à hiérarchiser, à éclairer. Et ils vont retrouver à la fois la liberté et leurs lecteurs.

Mais internet, par essais et par erreurs, constitue dès aujourd'hui un réseau d'informations, réactif, souple, non limité par la longueur des « papiers », non domesticable, capable d'opposer à la prise de contrôle et au rideau de fumée une réponse appropriée. C'est naturel : toute agression inédite sur un corps vivant fait naître des anticorps, un système immunitaire, des résistances nouvelles.

La puissance de ce qui se passe sur le web, c'est le réseau. Il n'a pas de centre, pas de directeur impressionnable, il est moins dépendant des capitaux à investir, en tout cas le montant de ces investissements est plus accessible. Bref, on le « tient » moins, et pas du tout s'agissant des blogs, des mille contributeurs qui relaient et relaient encore l'information non conforme ou dissidente. Et d'autre part, le web est coopératif : des milliers de compétences, de capacités d'analyse, de mémoires se mettent en réseau pour contrôler et démentir l'information officielle. Chacun des membres du réseau peut à son tour l'alimenter. Enfin le web met immédiatement à portée de l'esprit curieux, intéressé des milliers de documents oubliés qui permettent à chacun de nourrir sa réflexion. Le web permet d'échapper à l'immédiat, puisque sa mémoire est infinie et ineffaçable. C'est dire que contrairement à ce que croit le pouvoir officiel, il n'a pas gagné la bataille. La communauté des citoyens, la grande coopérative civique, dès l'instant qu'elle aura pris conscience de sa force, sera en mesure de livrer et de gagner la bataille pour une information libre.

Chapitre XI

L'affaire Tapie ou L'arbitraire

Que l'arbitraire soit le quotidien du régime actuel, je n'en vois pas de pire exemple, et de plus significatif, que l'affaire Tapie.

J'affirme que la décision a été prise au sommet de l'État, l'opération entièrement conduite dans le secret des cabinets, entre les responsables de l'Élysée et ceux du ministère de l'Économie et des Finances. Ainsi une personne privée, condamnée à plusieurs reprises par la justice, ayant déjà perçu des bénéfices substantiels, retoquée par la Cour de cassation, plus haute juridiction française dans sa formation la plus solennelle, a reçu de l'État, par une procédure discrétionnaire, un cadeau de l'ordre de 400 millions d'euros d'argent public.

Tapie n'est pas le sujet de cette affaire. Il y a toujours eu des Tapie, affairistes, risque-tout, cherchant à bâtir une fortune rapide sur le dos d'entreprises en difficulté, de banquiers crédules, de pouvoirs publics distraits, de jobards de tout acabit. Il y a toujours eu des Tapie et parfois ils se font prendre. Alors la justice passe, en l'occurrence à bien des reprises, pour des infractions graves, abus de confiance, publicité abusive, abus de biens sociaux, fraude fiscale, corruption. Au terme de ces condamnations, il arrive même qu'il y ait de la prison, ce qui n'est jamais agréable. Tout cela est arrivé à Tapie, malgré son bagout, son talent d'acteur de série B, certes, mais même de série B, ce n'est pas rien.

Il y a toujours eu des Tapie et il y en aura toujours, comme il y aura toujours des gogos et des arnaqueurs pour profiter d'eux. Mais d'habitude, les arnaqueurs trouvent plutôt l'État en face d'eux, pour défendre les victimes, même crédules. Ici, c'est tout le contraire. Ce n'est pas Tapie qui a pris la décision. Il s'est contenté de la demander, de la suggérer, d'organiser la pression pour qu'elle soit prise. Ce qui est en cause, si les abus que je décris sont avérés, ce n'est pas Tapie, c'est l'État. Et pas l'État des sous-fifres. Pas l'État des subordonnés, pas la fonction publique, pas la haute fonction publique. Ce qui est en cause, c'est l'État des politiques en son sommet, là où les décisions se prennent, à l'Élysée, relayé par les metteurs en musique, comme on dit, de Bercy et quelques autres lieux.

Ce n'est donc pas Tapie qui devrait être poursuivi dans une telle affaire, ce sont ceux qui ont décidé, pour leur commodité de clans ou de cercles, en pleine crise, alors que le déficit de l'État est tel qu'on ne l'a jamais connu, alors qu'on se glorifie de supprimer des dizaines de milliers de postes d'enseignants ou de fonctionnaires de proximité, alors qu'on frappe les malades de pénalités financières, qu'il fallait spolier les Français de quatre cents millions d'euros[1] en une seule journée.

---

1. 400 millions d'euros, c'est l'équivalent de plus de six mois de franchises médicales payées par la totalité des assurés sociaux français, ou de deux années de la totalité des salaires des douze mille postes d'enseignants supprimés cette année, ou encore c'est l'équivalent de plus de 33 000 années de travail au SMIC. 33 000 ans !

Tout commence dans les années 90. Tapie est au faîte de sa gloire. Après une décennie d'aventures rocambolesques dans des rachats et des mises à l'encan d'entreprises en difficulté, placées en faillite, reprises au coût le plus bas, découpées, revendues au prix le plus haut (quand on pouvait les revendre), dans la crédulité publique en matière de santé, dans les piles, dans les balances, et beaucoup d'autres, le plus souvent en déconfiture, Tapie réalise le coup de sa vie. Il réussit, au charme, au bagout, à convaincre les héritiers d'Adidas de lui vendre la célèbre affaire d'articles de sport. La vente est consentie au prix, considéré comme modeste, de 1,6 milliard de francs (un peu plus de 240 millions d'euros). Tapie ne met pas, au moment de l'achat, un franc d'argent personnel dans cet achat mirobolant. Il emprunte intégralement le montant de la vente auprès de sa banque, la SDBO[1], filiale du Crédit Lyonnais, banque nationalisée, donc proche du pouvoir socialiste de l'époque, comme Tapie est, lui, intime de ce pouvoir.

L'affaire à l'époque marche bien et le plan de Tapie est de rembourser l'emprunt avec les résultats de l'entreprise. Les résultats annuels, au moment où Tapie achète, sont de l'ordre de 500 millions de francs. Quatre années de bénéfices suffiront donc à faire de lui le propriétaire chanceux d'une des plus grandes entreprises mondiales de son secteur. Sans avoir mis un sou d'argent personnel dans l'achat ! Il suffira d'appliquer la recette de ce type d'affaires dont Tapie est un précurseur : licencier une partie importante du personnel, délocaliser la production, faire la pub de la

____
1. Société de Banque Occidentale.

marque (et Tapie est un as des relations publiques). C'est une opération qui peut être superbe du point de vue financier, et la place de Paris applaudit. Quelques années après (je ne sais pas si l'expression existait encore à l'époque), on aurait salué un beau LBO[1], opération qui consiste à racheter une affaire en la payant par emprunt et en faisant rembourser l'emprunt par l'entreprise rachetée dont on aura entre-temps « maximisé » la rentabilité, comme on dit élégamment en écrasant les coûts de fabrication, en licenciant, en augmentant les prix de vente.

Au passage, nul ne s'avise que si l'opération est si belle pour Tapie, c'est qu'elle a été forcément une mauvaise affaire pour la famille qui a consenti à la vente et dont la confiance a dû être quelque peu abusée... En affaires, *vae victis!*, malheur aux vaincus comme on dit.

Mais les plus belles manipulations des plus efficaces prestidigitateurs peuvent tomber sur un os. Et en l'occurrence deux. Le premier est interne : la gestion de l'entreprise après son rachat est chaotique. Le deuxième est météorologique : la crise arrive, les marchés s'effondrent, la récession s'approche. Les bénéfices d'Adidas dont on attendait qu'ils assurent le remboursement de l'emprunt s'effondrent. Adieu, vaches, cochons, couvées ! Bientôt les bénéfices se transforment en pertes. En 89, Adidas gagnait 500 millions. En 92, l'entreprise *perd* la même somme de 500 millions. Tapie s'est engagé à rembourser en deux ans. L'échéance est prévue fin 92 et il ne peut y faire face. Les actionnaires allemands s'inquiètent, le monde politique s'émeut.

---

1. *Leveraged buy out.*

Tapie est en effet devenu une des figures les plus en vue des années Mitterrand. Il est entré au printemps 92 au gouvernement comme éphémère ministre de la Ville. Il a dû en démissionner quelques semaines après pour avoir été mis en cause dans une affaire fort louche. Au début des années 80, Tapie s'est associé à un député RPR, Georges Tranchant, riche homme d'affaires, bientôt lancé dans les casinos. Ensemble, ils ont monté une société de distribution électronique, Toshiba-France. Quelques années après, la société disparue, Tranchant apprend par hasard, de la bouche d'un policier, que Tapie, qu'il croyait un associé loyal, l'avait en réalité roulé de quinze millions de francs. Jackpot en douce. Tranchant ne l'accepte pas. À l'Assemblée nationale (cela ne s'invente pas), il demande des comptes à son ancien associé. Un journaliste[1] raconte la réaction de Tapie selon Tranchant : « Il m'a balancé : "Je t'emmerde, on [la gauche dont Tapie est membre] est au pouvoir." Puis, il m'a fait un doigt d'honneur en me lançant : "Va te faire enc…" Là je me suis dit, ajoute le député RPR, qu'il allait toute sa vie se souvenir de moi. » Tranchant porte plainte. Le tout nouveau ministre est inculpé de recel d'abus de biens sociaux et de complicité. Il est contraint de quitter le gouvernement. Mais Tapie est un protégé de François Mitterrand. Celui-ci s'entremet auprès de Tranchant qui accepte de retirer sa plainte si Tapie rembourse la somme détournée. Tapie paie. C'est un aveu, bien sûr. Tranchant, rentré dans ses fonds, s'exécute et renonce à son action. Tapie bénéficie d'un non-lieu, négocié, dit-on à l'époque, par Pasqua. Et

---

1. Gérard Davet, lemonde.fr, cité *in* « Tranchant rafle la mise », vendredi 2 avril 2004, www.lescasinos.org

François Mitterrand est décidé à le reprendre au gouvernement.

Voilà pourquoi les difficultés d'Adidas en cette fin d'année 92 tombent si mal pour le PS au pouvoir. Il faut sauver le soldat Tapie. Il faut vendre Adidas.

C'est alors que le Crédit Lyonnais vole au secours de Bernard Tapie. Un accord est signé aux termes duquel la SDBO prend l'engagement de vendre Adidas dans les deux mois, alors que personne n'en veut, et reprend la totalité des engagements bancaires du groupe Tapie. Engagement ferme, à prix fixé, non pas mandat de recherche d'acquéreurs, mais engagement signé d'avoir réellement vendu Adidas dans les deux premiers mois de l'année pour une somme supérieure à deux milliards de l'époque[1]. Formidable coup de main ! Tapie est sorti d'affaire. Il fait même un bénéfice impressionnant de quelque 240 millions de francs[2]. Par l'entremise du Crédit Lyonnais, Tapie est sauvé et enrichi. Il est renommé au gouvernement de François Mitterrand le 12 décembre. Mais la banque doit trouver des acheteurs d'urgence et sans trop apparaître. Car la polémique guette : une banque appartenant à l'État, sauvant un ministre du gouvernement de la faillite en lui garantissant le rachat de son affaire commerciale, cela ferait à coup sûr mauvais genre. Il faut donc d'abord trouver des acheteurs pour une affaire en difficulté, le faire dans les deux mois (un exploit !), sans trop le divulguer, et créer suffisamment de cloisons étanches pour que la banque ne soit pas trop mise en cause à quelques semaines des élections qui viennent. Ce sont des travaux d'Hercule !

---

1. 2 085 milliards de F, 317 millions d'euros.
2. Rapport établi par M. Marcel Peyronnet, expert-comptable, à la demande de Mme Eva Joly, juge d'instruction.

Pour trouver des acheteurs, la banque est obligée de leur consentir des conditions sans aucun précédent : elle prend tous les risques à sa charge ! Si l'affaire est bénéficiaire, ils toucheront un tiers des bénéfices, si elle est déficitaire, la banque absorbera les déficits… Chance de gains importants, risque de perte inexistant ! Peut-on imaginer conditions plus avantageuses ? Et fallait-il que l'image de la société fût dégradée pour qu'il faille consentir à des « repreneurs » de telles conditions ?…

Il fallait que ces repreneurs soient autant que possible extérieurs à la banque. C'est pourquoi il est fait d'amicales pressions sur des sociétés nationalisées afin qu'elles participent au tour de table. On cherche des sociétés peu voyantes. À tous, le Crédit Lyonnais garantit le risque zéro. C'est Robert Louis-Dreyfus qui est approché pour être le sauveur de l'entreprise et diriger son problématique redressement. Mais le futur dirigeant veut lui aussi une assurance : s'il mène à bonnes fins ce redressement, s'il rend à Adidas sa valeur, et s'il choisit alors de se porter acquéreur, il ne veut pas qu'on lui fasse payer un prix trop lourd. Il demande donc une option d'achat, valable deux ans, pour une somme qui représente à peu près le double du prix d'acquisition. Il sait donc que s'il réussit, il ne travaillera pas pour le roi de Prusse. Et la banque qui le parraine peut espérer couvrir les risques immenses qu'elle prend en garantissant *tous* les acheteurs contre *tout* risque de perte de valeur.

Quand l'affaire est connue, même dans ses grandes lignes, car aucun de ces détails n'est évidemment public, l'opposition RPR et UDF de l'époque s'indigne. Qu'il y ait un tel mélange des genres entre les affaires privées d'un ministre et une banque nationalisée est un motif de scandale. Alain Juppé rappelle les « affaires » de ces longues années Mitterrand. François d'Aubert met en cause les abus des entreprises nationalisées. Quant à moi, je dénonce « la pourriture, le pourrissement, la gangrène[1] » que révèle un tel mélange des genres.

Il y a, en effet, matière à polémique, et même à scandale public. Mais les esprits sont occupés par d'autres enjeux : c'est la dernière ligne droite de la campagne législative de 1993, le pouvoir socialiste va rencontrer la plus grave défaite électorale qu'ait connue la Ve République, l'alternance est en route. Tapie échappe à la polémique par le silence, expliquant seulement qu'il est satisfait du prix obtenu. On le serait à moins.

Passent les années. Tapie est pris dans un imbroglio d'affaires judiciaires et de scandales. L'affaire du *Phocea*, où il est convaincu d'abus de biens sociaux et de fraude fiscale, l'affaire de corruption du match VA-OM où Jacques Mellick essaie de lui inventer un alibi, aussitôt pris la main dans le sac d'un invraisemblable rallye en voiture où il aurait fallu qu'il fasse du 200 km à l'heure entre Paris et Béthune, l'affaire Testut où sont révélés des détournements… Les condamnations pleuvent, jusqu'à la prison.

Pendant ce temps, Robert Louis-Dreyfus réussit dans son entreprise de redressement : Adidas est sorti d'affaire, puis valorisé, racheté par son président qui fait jouer l'option d'achat.

C'est alors que Tapie qui a été sauvé par le Crédit Lyonnais, qui avait clamé sa satisfaction au moment

---

1. Cité dans *Tapie-Sarkozy, les clefs du scandale*, Pygmalion, 2009, p. 118.

de la revente de l'entreprise commence à soutenir la thèse qu'il s'est fait flouer au moment de la vente et qu'il mérite donc réparation.

Pour moi, j'ai cessé de suivre l'affaire. Charles-Amédée de Courson nous en fait pendant des années la chronique détaillée. Il est révolté des avantages maintenus à Tapie, en dépit de ses innombrables condamnations, notamment la jouissance de l'hôtel particulier luxueux qu'il occupe rue des Saints-Pères. Il interroge le gouvernement à l'Assemblée nationale en termes durs. L'impression est générale que Tapie jouit sous les gouvernements de droite des mêmes protections qui lui étaient réservées pendant l'époque Mitterrand.

Je n'ignore rien des liens qui unissent à Tapie l'équipe Sarkozy. J'ai vu, dans les années 93 et 94, Tapie ménagé comme on ménage un allié potentiel. C'est que Tapie a déjà été utile. Aux élections européennes de 1994, poussé en sous-main par Mitterrand, il a proprement démoli la candidature de Michel Rocard qui conduisait la liste socialiste. L'échec a été tel que Rocard a été contraint de démissionner de sa fonction de premier secrétaire du PS. Cela a donné des idées. Ce que Tapie a fait contre Rocard, il pourrait le rééditer contre celui que tout le monde regarde comme le plus dangereux adversaire d'Édouard Balladur pour l'échéance présidentielle de 95, Jacques Delors. L'entourage de Balladur ménage donc Tapie, au grand dam du garde des Sceaux, Pierre Méhaignerie, qui se voit forcer la main. Mais Jacques Delors renonce en décembre 1994. Dès lors Tapie n'est plus utile, et la justice suit son cours...

Les années passent. L'imbroglio juridique devient sans cesse plus complexe. J'apprendrai plus tard, en refaisant la chronologie de l'affaire, que des ministres PS d'abord, UMP ensuite, ont essayé à plusieurs reprises de sauver la mise à Tapie. Lionel Jospin s'y est opposé. Jacques Chirac ensuite. Tapie a ses entrées partout, mais les principes républicains l'emportent. Quand il s'agit d'argent public, seule la justice peut trancher.

Le 30 septembre 2005, une décision de la cour d'appel est prise, étonnamment favorable à Tapie. La Cour a pris son jugement selon une jurisprudence qui n'a aucun précédent, et pour cause. Elle a décidé que le Crédit Lyonnais aurait dû proposer à Tapie les mêmes avantages de crédit qu'elle a consentis aux repreneurs qu'elle a sollicités. Pour prix de ce manquement elle accorde à Tapie 145 millions et ne lui concède qu'un euro symbolique de préjudice moral. La décision est surprenante : elle crée en effet pour toute banque l'obligation d'offrir les mêmes conditions de prêt à tous ses clients, et vide de sa substance le métier de banquier. Une telle obligation n'a jamais été imposée en aucune place bancaire. Elle oublie au passage le fait que la banque était liée par une obligation de vente à date et à prix fixés, qui montre assez quelle était la détermination du vendeur. Le gouvernement, au grand dam de Tapie, décide que le CDR[1] doit aller en Cour de cassation.

---

1. Consortium de réalisation, la structure où ont été cantonnés tous les actifs douteux du Crédit Lyonnais, détenus à 100 % par l'EPFR, Établissement public de financement et de restructuration représentant l'État, c'est-à-dire le contribuable, qui garantit et assume en dernier ressort l'entière charge des pertes.

Le 9 octobre 2006, la Cour de cassation, la plus haute instance judiciaire de notre pays, réunie en sa formation la plus solennelle, l'Assemblée plénière, rend sa décision. Elle casse le jugement de la cour d'appel, rappelant qu'on ne peut soumettre une banque à une obligation de crédit. Les juristes s'étonneront sans doute qu'une affaire de relations commerciales entre une banque et une personne privée, même s'il s'agit d'un ancien ministre, même ayant eu souvent maille à partir avec la justice, donne lieu à un jugement en cette formation rare. C'est que des événements troublants se sont produits dans le cheminement de la justice à son plus haut niveau. Des fuites sans précédent, des violences inexpliquées ont conduit le plus haut magistrat de France, le premier président de la Cour, à choisir cette forme solennelle. Ainsi, aucune pression potentielle ne pourra le mettre en cause. De surcroît, le jugement en cette formation emporte une conséquence juridique : aucune juridiction ultérieure, de quelque nature qu'elle soit, ne pourra reprendre le jugement cassé sans être obligée de respecter les termes de la décision de la Cour de cassation. Sa décision s'impose à toute juridiction ultérieure.

Les parties prenantes de l'affaire Tapie se trouvent donc devant de l'irréversible. Dans le dispositif du jugement, la Cour de cassation tranche que la SDBO et le Crédit Lyonnais *ne sont pas la même personne morale* : elles n'ont pas la même personnalité juridique. Or, les avocats de Tapie plaidaient qu'il était interdit à un mandataire de recevoir un intérêt quelconque dans l'opération où il avait été choisi comme intermédiaire de confiance. Si SDBO et Crédit Lyonnais ne sont pas la même personne, la contestation n'a plus de fondement.

Le chemin d'un jugement plus favorable était désormais fermé ! Mais Tapie importait au pouvoir ! C'est alors, très tôt, dès avant l'élection du nouveau président de la République, que germa l'idée d'une décision qui ne dépendrait plus d'un tribunal.

On inventa alors une procédure jamais appliquée pour un établissement public, et pour cause, une procédure non plus déposée entre les mains de magistrats, mais entre les mains de personnes privées, une procédure d'arbitrage.

On a un témoignage précis, publié par *Le Canard enchaîné*, de l'élaboration de cette décision entre les protagonistes et les proches de l'actuel président. La scène se passe au luxueux *Dorint Atlantic Palace*, cinq étoiles et opulence garantie, lieu discret de villégiature de riches vacanciers, à Agadir. Aussi stupéfiant que cela puisse paraître, sont réunis autour de la table Tapie, son ami André Guelfi, dit « Dédé la Sardine », que Tapie a rencontré en prison où l'avait conduit son rôle dans l'affaire Elf, Brice Hortefeux, ministre délégué aux Collectivités territoriales auprès de Nicolas Sarkozy, et Jean-François Copé, ministre délégué au Budget, tous deux encore ministres du gouvernement Chirac-Villepin. Et de quoi parlent-ils, ouvertement ? De régler favorablement la question Tapie par un arbitrage ! Ils parlent si ouvertement et si fort que la conversation est entendue et notée.

L'arbitrage, espoir suprême et suprême pensée ! L'arbitrage n'est pas rendu par des magistrats. Il est confidentiel. Il n'a pas à rendre publiques ses raisons. Normalement, il n'est pas susceptible d'appel. Et les arbitres sont choisis d'un commun accord. Tous les inconvénients des décisions de justice, aléatoires et dans le cas présent condamnées à l'échec, sont ainsi benoîtement évacués !

Point ne sera besoin de plaider. Il suffira d'enregistrer la satisfaction du devoir accompli et de payer aux frais du plus accommodant des payants, le contribuable.

Moins facile à dire qu'à faire ! Car cette procédure d'arbitrage, mal connue des Français, et pour cause, qui permet la résolution d'un conflit, avec engagement absolu de confidentialité, et même de secret, par des arbitres privés, est strictement *interdite* par la loi à l'État, ou à la puissance publique. Elle est pareillement interdite aux établissements publics. Or les conséquences financières du conflit entre le CDR, Consortium de réalisation, et les consorts Tapie ont été explicitement mises à la charge de l'EPFR, propriétaire à 100 % du CDR, dont le statut est celui d'établissement public administratif, qui est donc interdit d'arbitrage. Rien de plus normal puisque l'ardoise de l'affaire Tapie, si ardoise il y a, sera intégralement assumée par le contribuable.

Très tôt, aux échelons de l'État où se préparent de telles décisions, on a compris la difficulté de l'exercice. C'est ainsi qu'au mois de février 2007, dans les semaines qui achèvent le mandat de Jacques Chirac, à l'heure où l'État est moins surveillé, toutes les attentions focalisées sur la campagne présidentielle, le gouvernement dont deux sur quatre des convives d'Agadir sont membres se saisit du prétexte d'une discussion législative sur un tout autre sujet pour présenter un amendement sur-prise, autorisant les établissements publics administra-tifs à avoir accès à l'arbitrage pour résoudre leurs conflits. Même à ce moment où l'attention publique est ailleurs, l'intrusion ne passera pas tout à fait inaperçue. Ce texte sera déféré au Conseil constitutionnel, et déclaré inconstitutionnel comme « cavalier » législatif, n'ayant aucun lien avec l'objet de la loi dont il était alors délibéré. Qui avait, dans le secret des cabinets, préparé ce texte ? Le garde des Sceaux s'en émouvait en privé. Était-ce le cabinet du ministère de l'Intérieur, celui de Nicolas Sarkozy et de Brice Hortefeux ? Ou Bercy, sous la double autorité du ministre de l'Écono-mie Thierry Breton, et du ministre du Budget, Jean-François Copé ?

C'est donc en pleine connaissance de cause de l'illé-galité de la décision que le pouvoir issu de l'élection présidentielle de 2007 relance dès son installation la procédure d'arbitrage.

Le CDR est rapidement convaincu d'y avoir recours. L'EPFR voit sa décision emportée sur ordre écrit du ministre de l'Économie. Les obstacles juridiques se trouvent balayés de la manière la plus efficace, en étant ignorés. Seuls quelques administrateurs tentent de faire de la résistance, Charles-Amédée de Courson qui représente l'Assemblée nationale au conseil d'administration de l'EPFR tente de s'y opposer, et Patrick Peugeot démissionne du conseil d'administra-tion du CDR pour protester contre la décision.

Quoi qu'il en soit, trois arbitres sont nommés, d'un commun accord : la formule signifie que non seule-ment Tapie, mais l'État ont donné leur accord aux trois désignations. Ce n'est pas ici un livre sur l'affaire

Tapie[1]. C'est un livre sur l'État et le pouvoir actuels en France. Je n'entrerai donc pas dans une enquête sur des personnalités dont deux au moins (je n'avais jamais entendu parler de M. Estoup) m'apparaissaient jusque-là au-dessus de toute controverse et même au-dessus de tout soupçon. Ce n'est qu'après que l'on a appris ceci : M. Estoup avait servi d'arbitre dans l'affaire Elf, entre Tarallo et Bongo ! M. Jean-Denis Bredin, juriste et personnalité intellectuelle réputée que je n'avais jamais imaginé en pareil emploi, avait servi d'arbitre dans l'affaire des frégates de Taïwan entre Thomson et la société créée pour toucher les commissions de leur entremise auprès de Roland Dumas, Christine Deviers-Joncours et Alfred Sirven !... Pierre Mazeaud, sous la présidence de qui le Conseil constitutionnel avait déclaré inconstitutionnel l'amendement « arbitrage », ne pouvait ignorer le contexte juridique : « Dans cette affaire, je me suis fait un peu avoir...[2] », commente-t-il.

Le scénario de la décision a été mis au point avec un soin jaloux et visiblement professionnel. Tout est organisé pour que l'opinion entende le moins possible parler de l'affaire. L'annonce est faite le vendredi soir 13 juillet, qui ouvre le week-end de la fête nationale, quand tout le monde est parti en vacances et que défilé et *garden-party* occupent les esprits. En fin d'après-midi, au jour et à l'heure où toutes les rédactions sont en léthargie puisque le lendemain est férié,

---

1. Laurent Mauduit a écrit un récit très documenté chez Stock, *Sous le Tapie*, comme il a constamment suivi l'affaire pour *mediapart.fr*. Denis Demonpion et Laurent Léger ont publié *Tapie-Sarkozy, les clefs du scandale, op. cit.*
2. Cité dans *Tapie-Sarkozy, les clefs..., op. cit.*, p. 275.

tombe un communiqué d'apparence anodine qui annonce que la procédure d'arbitrage choisie dans l'affaire qui oppose Tapie et le Crédit Lyonnais est arrivée à son terme. Les arbitres ont donné raison à Tapie et lui ont attribué la somme de 285 millions d'euros, dont 45 millions de *préjudice moral !*

Deux éléments méritent réflexion ! D'abord l'indemnité à proprement parler : 240 millions, c'est-à-dire presque le double de la décision de la cour d'appel cassée par la Cour de cassation ! Non seulement la cassation sur le fond est niée, mais on multiplie par deux les sommes que fixait le jugement cassé ! Cela paraît impensable. Mais les naïfs que nous sommes apprendront très vite que cette indemnité pharaonique sera en fait assortie d'intérêts, la portant à près de 350 millions. On apprendra en même temps (je comprends que les honnêtes gens aient la nausée) que les sommes dues au fisc par Tapie, qui se montent à près de 80 millions, elles, ne porteront pas intérêt, parce que l'administration a « omis » d'en faire la demande en temps utile… Ce que l'État devra payer à Tapie portera plus de 100 millions d'intérêts. Mais ce que Tapie doit à l'État en portera zéro.

Ensuite le préjudice moral. Pour en prendre la mesure, il faut rappeler ceci : le préjudice moral pour le pire de ce qu'un père ou une mère puisse vivre, la mort d'un enfant, par exemple par la faute d'un équipement public, est fixé en général autour de 30 000 euros. Pour consoler les parents inconsolables, 30 000. Pour la veuve d'une victime de l'amiante, 40 000. Pour Tapie, 1 500 fois plus ! J'ai honte pour mon pays, pour sa justice, pour l'idée qu'une victime peut s'en faire, une vraie. La caractéristique d'une somme attribuée en préjudice moral, c'est qu'elle n'est pas susceptible d'être frappée par l'impôt. Pas davantage de quelque charge que ce soit. Ce sont des sommes nettes, cash. Qu'est-ce qui a motivé une telle cataracte d'argent ? Le fait que dans une publicité pour le redressement du Lyonnais, publiée dans *Le Figaro*, en décembre 1994, une pleine page, tout en bas de la page, un dessin humoristique décrivait la tour du Crédit Lyonnais, devant laquelle subsistaient des résidus de la gestion précédente, représentés sous forme des conteneurs destinés à l'évacuation des documents à jeter. L'un des conteneurs a une étiquette MGM, l'autre a une étiquette Tapie, presque illisible, en lettres, j'ai mesuré, de 3 millimètres ! – noyées sur une pleine page du journal du plus grand format en France. Voilà le prétexte. Il se trouve que l'utilisation de ce prétexte, en soi ridicule, est elle aussi de surcroît irrecevable en droit. Car l'affaire a déjà été jugée dans un procès en diffamation où Tapie demandait réparation. Les juges ont écrit en toutes lettres que ce dessin, à peine humoristique, n'était pas « diffamatoire », en ce qu'il ne portait pas atteinte « à l'honneur et à la considération du plaignant » ! Et l'autre raison alléguée, c'est la décision de liquidation des biens de M. et Mme Tapie, parce qu'ils ne payaient pas leurs dettes, et qu'ils ne pouvaient fournir et pour cause d'attestation de la valeur alléguée de leurs œuvres d'art. Avec visite publique de leur hôtel particulier… Pendant deux jours ! Ce qui est en effet désagréable, mais qui ne vaut pas mille fois plus que la perte d'un enfant !

C'est la plus grande spoliation d'argent public de tous les temps. Ce devrait être un scandale d'État, car tout Tapie que soit Tapie, ce n'est pas lui qui a eu le pouvoir de décider d'un tel affront à la décence. C'est l'État qui est en cause, et ceux qui aujourd'hui le dirigent. L'opération n'a pu être décidée qu'avec l'aval de celui par qui toute décision passe. Mme Lagarde assure qu'elle n'en a jamais discuté avec Nicolas Sarkozy. Au début, on a du mal à la croire, on a l'impression que celle qui ose en public de telles affirmations se moque du monde. Et puis on se dit qu'après tout, ce type de décision, aujourd'hui, passe par d'autres canaux que les canaux officiels. Les vrais ministres, aujourd'hui, ce ne sont plus les ministres. Ce sont les conseillers, inconnus du grand public, qui donnent seulement aux ministres les décisions à signer. M. Pérol, à l'Élysée, forcément M. Richard à Bercy. Ce que dit Mme Lagarde devant la commission des finances, c'est un incroyable aveu : elle s'est abstenue d'aborder la question avec le président qui pourtant s'occupe de tous les sujets, et elle s'est abstenue de demander à ses collaborateurs s'ils avaient reçu des instructions. Ce qu'elle dit, c'est qu'il y a des sujets sur lesquels il vaut mieux ne pas trop poser de questions. Ainsi de degré en degré descend la République.

Décision prise contre la lettre même de la loi, comme souvent. Désinvolture absolue à l'égard des principes. Honnêtes gens bafoués, ouvertement spoliés, franchement trompés et moqués. Le lecteur, alors, questionne : « Mais que faire ?, quel recours ? Vous n'êtes pas président, mais vous êtes député, que pouvez-vous faire pour nous défendre ? » Que peut faire un député quand s'avère un tel déni de République ? Dénoncer, parler, hurler s'il le faut. Je le fais, plus souvent qu'à mon tour. Et puis ? Dans une République digne de ce nom, il devrait y avoir une voie de recours, une cour suprême, un droit au juge pour tout citoyen contre les décisions abusives de l'État. En France, c'est la justice administrative qui est « compétente », comme on dit si improprement, car elle se borne souvent à écarter cette compétence. Parmi tous les défauts de ces institutions, il y a que devant le scandale, le citoyen n'a même pas droit au juge.

J'ai déjà vécu tout cela. Sous le gouvernement précédent, on décida un beau jour de privatiser les autoroutes. Ce réseau avait été construit avec l'argent des Français, argent des impôts, argent des péages. L'équipement était sur le point d'être amorti. Il allait désormais rapporter gros. Je trouvais illégitime et déraisonnable de priver le pays et ses finances publiques de cette rente. D'autant qu'on avait pris quelques mois auparavant la décision, annoncée à grand son de trompe, de rendre aux citoyens ce qui leur appartenait en réservant une partie des ressources qui proviendraient de cette manne autoroutière à financer d'autres grands équipements pour les régions françaises. Parole publique, autant dire vent…

Mais, pour le citoyen, le plus grave était que la décision du gouvernement, là encore, contrevenait gravement à la loi. En effet, le texte de la loi qui fixait le cadre des privatisations, loi de 1986, disposait que chaque fois que l'État décidait de privatiser une entreprise publique de quelque importance, il ne pouvait le faire que par la loi. On comprend pourquoi : si l'entreprise appartient à l'État, elle appartient aux Français, elle ne peut donc se voir aliénée que par la décision des représentants du peuple.

Or, le gouvernement choisit de décider cette privatisation non pas par la loi, mais par le décret. Non pas par une décision des députés et des sénateurs, mais par un simple texte pris par le gouvernement. Je résolus, bien que sans illusions, d'aller en justice. Lorsqu'il s'agit de contester un décret, c'est devant le Conseil d'État que l'action est engagée. Un citoyen, un parlementaire, n'est pas admis à engager une telle instance. Il faut un *intérêt à poursuivre*. J'achetai donc une action de chacune des sociétés d'autoroute pour être admis à contester une décision qui mettait en cause aussi gravement non pas les sociétés et leurs actionnaires, bien sûr, eux avaient plutôt à y gagner, mais l'intérêt national. Pour faire bonne mesure je déposai les statuts d'associations de défense des usagers des autoroutes. Je fus donc reçu dans mon recours.

Mais le Conseil d'État, comme chacun sait, est comme le vieux dieu Janus des Romains, *bifrons*, à double visage. Il est *à la fois* conseil du gouvernement, et justice indépendante. Il n'oublie jamais que l'État l'a fait, et il prend grand soin d'en ménager la réputation et les intérêts. Il n'oublie pas que les décrets contestés devant lui ont été préalablement soumis pour avis à sa compétence, à sa maîtrise de la chose juridique… Il est juge, et il est conseil, juge en aval et conseil en amont, juge et partie. En l'occurrence, ce n'était pas évident, tant le bon sens secouait sa tête têtue, en disant : si c'est la loi, alors la loi n'a pas été respectée, je ne sors pas de là.

Il fallut alors choisir des chemins contournés, et le Conseil d'État jugea, aussi insensé que cela paraisse, que les sociétés autoroutières *n'appartenaient pas* à l'État ! C'est l'État qui en nommait le Conseil d'administration, le président et tous les membres, directement ou par autorité interposée. C'est l'État qui en avait décidé la privatisation, par décret du gouvernement. C'est évidemment l'État qui toucherait directement le montant de la privatisation. Mais le Conseil d'État statua que ce vendeur n'en était pas le propriétaire…

C'est dire que je suis vacciné contre la justice administrative à la française, hélas !

J'ai cependant déposé deux recours devant la justice administrative dans l'affaire Tapie. Le premier soutenant que l'établissement public administratif n'avait pas droit à l'arbitrage. Le second pour que soit jugé que le droit n'ayant pas été respecté dans la décision d'arbitrage, notamment pas la décision de la Cour de cassation, le gouvernement avait l'obligation de déposer un recours contre cette décision. Là encore, j'irai plaider moi-même le jour où ce recours sera jugé. S'il est jamais jugé. Car tout sera fait pour empêcher ce jugement, de toutes les manières possibles, par exemple en prétendant qu'en tant que contribuable, citoyen, même citoyen député, je n'aurais pas *droit à agir*, que je ne serais pas intéressé à la cause. On essaiera de créer cette situation intolérable que devant une décision de spoliation de 400 millions d'euros contestée en droit, et en justice, aucun citoyen ne pourrait saisir aucun juge.

Tapie ou l'arbitraire. Éclairante démonstration. Nicolas Sarkozy n'a pas craint de contrevenir à la loi et d'encourir l'indignation de ses concitoyens. Pourquoi ? J'ai souvent réfléchi à cette question, non sans inquiétude. Je crois, je suis persuadé, qu'il y a un secret dans cette affaire. Je ne sais pas si ce secret se révélera un jour. Et ce secret n'est sûrement pas dans les raisons qui ont été invoquées. On ne décide pas d'amputer les finances publiques de 400 millions d'euros pour obtenir les voix des radicaux de gauche en faveur du texte de révision constitutionnelle. Même si, en effet, le texte n'est passé que d'une voix dont on fait grief à Jack Lang, alors même que les radicaux de gauche apportaient un contingent bien plus important dans la plus parfaite discrétion. À supposer que Tapie ait ce pouvoir en claquant des doigts, je ne crois tout de même pas que Nicolas Sarkozy ait atteint un suffisant degré de désinvolture.

Il y a bien des indices que la raison doit être plus lourde. Un journaliste du *Point*[1] a raconté une scène fort éclairante : on y découvre que Tapie a été reçu à l'Élysée à de multiples reprises avant que ne soit annoncée la décision ; on y voit une explosion de colère, à laquelle le journaliste a lui-même assisté, de la part de Tapie, introduit par la grille du Coq, par où se ménage l'entrée des hôtes discrets, qui hurle et maltraite ceux qui le guident en disant : « Je suis ancien ministre quand même, on ne me fait pas passer par la porte de derrière ! » Ceci n'est pas le comportement d'un quémandeur, qui devrait être bien content, déjà satisfait que le chef de l'État lui-même le reçoive pour défendre son dossier. Le Tapie qui explose de colère n'est pas un quémandeur : il parle haut, il est sûr de lui et de l'issue. Il ne demande pas, il exige. Quel secret, lié à quel temps, quel réseau d'intérêts et de connivences lui donnent une telle assurance ? Je n'ai pas la réponse à ces questions. Simplement l'intuition qu'il y a des affaires en France où argent et politique n'ont cessé de se croiser. Dans ces affaires, le silence continue à régner en maître : je rappelle, par exemple, que l'actuel gouvernement et l'actuel ministre de la Défense ont prononcé le classement « secret défense » pour l'affaire

---

1. Saïd Maranne, *Le Point*, 31 juillet 2008.

des frégates de Taïwan, barrant définitivement la route aux investigations de Renaud Van Ruymbeke. Quel secret ? Quelles pressions ? Me Jean Veil, qui a été l'avocat du Crédit Lyonnais pendant des années, qui a longuement travaillé sur ce dossier, répond sans détour aux journalistes qui l'interrogent : « Même si je n'étais pas tenu par le secret professionnel qui m'oblige au silence, je ne dirais rien de cette affaire car j'ai peur de M. Tapie[1]… » Peur, un des plus grands avocats de la place ? Peur de qui, de quoi ?

Mais l'État, lui, ne devrait avoir peur de personne.

J'espère donc et je crois, même si c'est contre toute évidence, que se dévoileront un jour les raisons pour lesquelles les plus hautes autorités de l'État dont la mission est de faire respecter la loi et l'intérêt général, singulièrement l'intérêt du contribuable, ont à ce point manqué à ce que le citoyen était en droit d'attendre d'elles.

Je ne sais donc pas précisément, autrement que par intuition et déduction, comment l'actuel président de la République s'est trouvé conduit à décider cette spoliation. Mais quelque chose me dit qu'en même temps que contraint, je le crois, Nicolas Sarkozy ne devait pas être complètement mécontent de faire ainsi la nique au droit et au sens civique. C'était une manière de faire passer un message qu'il affectionne : rien ne me résiste. Et je vis selon une loi qui est celle de mon pouvoir : qui est avec moi est avec moi, et il peut attendre bien des faveurs, y compris exorbitantes, de son allégeance. Et

---

1. Cité dans *Tapie-Sarkozy, les clefs du scandale, op. cit.*, p. 38.

qui n'est pas avec moi est contre moi. Celui-là peut tout craindre car il n'est pas d'État, pas de droit, qui, d'une manière ou d'une autre, ne se trouve à un moment dépendre de mon bon vouloir. C'est un classique des souverains que de répandre autour d'eux la grâce et la disgrâce : c'est ainsi que la Cour déploie, l'un après l'autre, les actes divers de sa tragi-comédie. Comédie pour de modernes Saint-Simon. Tragédie pour le civisme. *A fortiori* lorsque la monarchie a tourné comme il se voit désormais à l'égocratie. D'une certaine manière même, la Cour est un but en soi, c'est la Cour qui permet de gouverner, et c'est l'arbitraire qui fait la Cour.

Chapitre XII

Contre la république, l'égocratie

J'ai longtemps cherché un mot qui dise avec exactitude la nature du régime qui se construit en France depuis l'élection présidentielle de 2007. « Monarchie », il y a du juste puisque étymologiquement, la *monarchie*, c'est le commandement d'un seul. Mais nos contemporains n'entendent pas seulement les mots, et leurs racines, ils entendent leur écho dans notre mémoire collective. Et l'écho de « monarchie », c'est royauté. Ce qui valut d'ailleurs à un journaliste audacieux, Laurent Joffrin, l'échange suivant[1] : « *Monsieur le Président, vous occupez de manière fréquente, sinon continue, la scène médiatique. Vous êtes à l'origine de la plupart, sinon de la totalité des initiatives gouvernementales. À propos du Premier ministre, vous avez employé le mot de collaborateur et vos ministres verront leur action évaluée selon des critères définis par des organismes privés... Est-ce qu'au fond vous n'avez pas déjà changé la Constitution ? Vous êtes le chef d'État ou de gouvernement du monde démocratique qui détient le plus de*

----

1. Conférence de presse du président de la République, palais de l'Élysée, 11 janvier 2008.

pouvoirs. Est-ce que vous n'avez pas institué une forme de pouvoir personnel, pour ne pas dire une monarchie élective ? » Le tout, avec sourire. Question classique sous la Ve République, posée sans doute à peu près cinquante fois aux cinq présidents qui précédèrent l'actuel. Mais aucun d'entre eux n'aurait pu faire la réponse suivante : « *Voici une question "modérée" qui montre que M. Joffrin, de* Libération, *est en pleine forme... Bon, il a le droit d'avoir son avis... Enfin, une monarchie, ça veut dire héréditaire... Vous croyez donc que je suis le fils illégitime de Jacques Chirac qui m'a mis sur un trône ?* (Élective, répète Joffrin.) *Ah non ! Si la monarchie, c'est l'élection, ce n'est plus la monarchie. Ah non ! excusez-moi, monsieur Joffrin, les mots ont un sens. Monarchie, ça veut dire hérédité...* » Le tout accompagné de moqueries, en mimiques et en mots, « *quand ça fait mal, il faut pas protester tout de suite, parce que ça se voit...* » et des rires, satisfaits, complices, de toute la profession.

Entendons-nous bien : personne n'est tenu, dans une fonction élective, dans une magistrature, fût-ce la première du pays, de connaître le sens des mots. Disons que ça se perd, et que c'est un des symptômes de la maladie des temps. Encore est-il recommandé, si on est dans ce cas, de s'abstenir d'administrer des leçons aux autres. Il est idiot, et souvent ridicule, de faire le savant quand on sait. Cuistre. Il est piteux de le faire quand on ne sait pas, et qu'on se trompe grassement. En l'occurrence, Joffrin parlait exactement, monarchie veut dire « gouvernement d'un seul », pas hérédité, bien sûr, pas lignée, même pas trône.

Mais que l'actuel président ait pu l'affirmer sans qu'un mouvement l'alerte, dans les rangs des ministres (il y en avait pourtant au moins un qui savait...), ou sans la moindre protestation parmi les quelque quatre cents journalistes présents, montre assez que le mot est piégé... « Monarchie », même élective, ça ne marche donc pas.

« Dictature », non plus. Historiquement, le dictateur à Rome, *dictator*, c'était celui à qui, dans un temps tourmenté, on remettait les pleins pouvoirs, suspendant la République, pour une durée provisoire de six mois. Les derniers siècles ont vu le mot se salir bien davantage. Toutes les exactions, tous les crimes ont été inscrits au sinistre palmarès des dictateurs de tout poil. Il ne faut pas utiliser les mots sans les peser : je n'utiliserai donc pas celui-là. Tyrannie, tyran, *idem.* Despote et despotisme sont trop chargés d'images boursouflées.

Et puis, l'abus de pouvoir n'est pas seul en cause. Ce n'est pas seulement affaire d'institutions. Pas seulement. C'est affaire de style. C'est la manière dont le gouvernant se regarde gouverner, la manière dont il se met en scène, dont il se « zorroïse » en vérité, comme si l'on avait bien du mal à vivre avant lui, comme c'était préhistorique, et comme maintenant tout va être résolu, puisqu'il va s'en occuper, bien sûr. Puisqu'il a été élu pour ça. Et que diraient les Français s'il faisait roi fainéant, comme les autres, *on en a connu.* Et pourquoi *y serait pas* le *président du pouvoir d'achat*, et pourquoi *y irait pas chercher le point de croissance avec les dents...*

Je me suis forgé un mot pour dire ce qu'est ce régime improbable. C'est de l'*égocratie. Ego,* moi je, et *cratie*, gouverne. Je gouverne, moi je.

Et il faut que ça se sache, que l'égocratie fasse tache d'huile, qu'elle envoie le plus loin possible les ondes de communication, les ondes d'intimidation. Se trompent tous ceux qui imaginent que c'est un handicap pour l'égocrate d'être taxé d'égocratie. Loin de là. Nicolas Sarkozy ne redoute pas d'être pris la main dans le sac d'arbitraire. Il en profite. Sans doute il en jouit. Mais en tout cas il en profite. C'est fait pour faire peur à qui doit avoir peur. Il faut voir les préfets, les directeurs de sécurité publique, depuis que la main de fer s'est abattue sur quelques-uns des leurs. Désormais, ils veillent au grain. Qu'on se le tienne pour dit.

Il y avait un directeur de la sécurité publique en Corse. Son nom est Rossi, Dominique. Il commit un crime : il jugea qu'il ne devait pas utiliser la manière forte pour empêcher une manifestation dans le jardin de M. Clavier, Christian, acteur, familier et protégé du prince. Dans la journée, il fut renvoyé. Sans doute y avait-il d'autres raisons. Les choses ne sont jamais aussi simples qu'on le croit. Et la foudre tombe rarement au hasard. Peut-être avait-il aux yeux de certains le handicap d'être corse d'origine. Comme si un homme ne peut pas être libre de son jugement en Corse, loyal à sa responsabilité, ferme dans son action, simplement parce qu'il est né sur l'île, qu'il connaît ses compatriotes et en parle la langue. Délit d'intimité avec son pays. Comme s'il était recommandé désormais de ne point être comme un poisson dans l'eau. Et peut-être avait-il eu, lors de précédents événements, un regard un peu trop fier, l'échine point assez souple. Mais surtout, quel bel exemple !... Toute l'administration de la République saurait désormais que le délit d'offense au chef de l'État s'accompagne d'un délit d'offense aux copains du chef de l'État. Il fera beau avant que chez M. Hallyday, Johnny, s'il lui prend quelque jour la lubie de revenir s'installer sous nos latitudes fiscalement inhospitalières, s'organise une manifestation de voisinage. Il fera chaud avant que chez M. Bigard, Jean-Marie, on vienne mettre en cause la politique du Saint-Siège. *Idem* pour Barbelivien et autres excellences. La République veillera sur eux comme sur la prunelle de nos yeux, ou s'agissant de Bigard, comme sur le saint-sacrement...

Il y avait pareillement un préfet et un directeur de la sécurité à Saint-Lô, chef-lieu du département de la Manche. Ils eurent le malencontreux accident de laisser quelques milliers d'enseignants, à qui on voulait présenter des « vœux » officiels, siffler à quelque trois cents mètres des oreilles augustes. *Malaïe !* comme on disait en béarnais dans mon enfance. Malheur à eux. Ils se trouvèrent immédiatement révoqués, sans autre forme de procès. On y ajouta quelque raffinement. Le reproche qui leur fut officiellement adressé, ce ne fut pas d'avoir laissé manifester trop près de la majesté. Bien au contraire, ce fut d'avoir laissé la police s'approcher trop près des manifestants, au point d'en avoir, *horresco referens*, bousculé quelques-uns. Chacun sait bien à quel point le confort des siffleurs est cher à notre prince. Pour l'avoir oublié, le préfet en perdit sa casquette. Bien entendu, là encore, la foudre ne tombe pas au hasard. Le préfet avait été dans une vie antérieure chef de cabinet de Dominique de Villepin. C'est mal porté, paraît-il, par les temps qui courent. Et quant au directeur de la sécurité, il aurait été malvenu de décasquetter le préfet sans déképiser le directeur. Et quel utile exemple ! Tous les préfets de la République sauront désormais qu'il est imprudent de mettre moins d'un kilomètre, *au moins*, entre un manifestant et le premier garde du corps du cortège présidentiel. Sifflets honnis, slogans coupables, au large ! C'est pour

la sécurité des manifestants que dans la petite bour-
gade de Daumeray (Maine-et-Loire), 1 600 habitants,
on déplaça pas moins de 800 policiers en civil, CRS,
gendarmes mobiles en escadrons. 800 pour 0 manifestant. Qu'il n'y eût aucun manifestant ne troubla pas
l'organisation d'État. On savait au moins que s'il s'en
était réuni quelques-uns, ils eussent été en sécurité. Ils
le seront partout. Qu'on se le dise.

Ils tremblent, préfets, policiers de haut rang, fonctionnaires d'autorité. Ils tremblent et c'est ce qu'on
voulait. Ils en feront trop ? Il vaut mieux, pense le pouvoir, qu'ils en fassent trop que pas assez. Mais l'État
n'appartient pas au pouvoir, diront les républicains.
L'État, normalement, est à tous les citoyens, il doit
respecter tous les courants du pays, à égalité, en tout
cas avec équité... Ce n'est pas la vision qui règne
aujourd'hui en France. L'État, ses fonctionnaires, son
autorité sont sous les ordres du pouvoir : ils sont donc
à sa disposition. Ce n'est pas l'indépendance d'esprit
et le sens républicain qui y sont honorés, c'est l'empres-
sement à servir le pouvoir. Entre eux, quand les portes
sont bien closes, et qu'on est sûr des interlocuteurs, ils
disent tous combien cela est humiliant, combien cela
paralyse, combien ils vivent une régression. Tous, ils
avaient une haute idée de l'État, de l'État républicain,
lorsqu'ils ont décidé de le servir, et de donner leur vie
à ce service. Mais ils courbent le dos, car il y a l'État,
bien sûr, et l'idéal qu'on s'en était fait, mais il y a aussi
la carrière, et les conditions de vie. Et ce régime peut
durer longtemps, n'est-ce pas ?

Ne croyons pas que tout cela soit anodin. Derrière
cette pratique, il y a encore une défaite pour notre idée
française de la démocratie et de la République. Les
Américains vivent selon le *spoil system*, le système

des dépouilles, qui fait que le pouvoir nouveau, au moment des alternances, renvoie les fonctionnaires d'autorité en même temps qu'il renvoie les politiques qui les commandaient. Les fonctionnaires ne servent donc pas l'État, mais un parti. Nous, au contraire, en France, nous croyions aux *serviteurs de l'État*. Ils avaient des opinions, certainement, mais les opinions passaient après la haute idée qu'ils avaient de l'intérêt du pays, de la grandeur de son État, plus durable que les politiques, et chargés d'un intérêt général et d'une loi qui était celle de tous. Modèle français, modèle américain. Ce qui est en germe dans cet asservissement de la fonction publique d'autorité au pouvoir, c'est l'adoption définitive d'un *spoil system* en France. Ce qui veut dire que la carrière se fera non point au mérite, à la hauteur de vue, mais au pari, le plus précoce possible, sur le futur vainqueur de la course élyséenne. Les « écuries » de parti s'installent dans l'État. La tentation en a toujours existé ? C'est vrai sans doute, mais les disciplines existaient, et les précautions aussi. Finies les précautions. Désormais, on affiche sans vergogne que tel haut fonctionnaire à la carrière météorique, par exemple dans la police, est un « ami de jeunesse » du chef de l'État. Et le premier fonctionnaire de France, le secrétaire général de l'Élysée, peut faire impunément des déclarations partisanes et s'en prendre publiquement aux élus de la République qui ont l'audace de ne pas être du bon côté.

Le temps n'est plus où le fonctionnaire qui se tenait droit avait une réponse orgueilleuse. Il disait : « Monsieur le Ministre, mon parti, c'est l'État. » Et cela avait de la grandeur. À cette vision, était relié le devoir de réserve, cette limite que les serviteurs de l'État s'imposaient à eux-mêmes, de ne point mélanger opinion personnelle et expression officielle.

Ce n'est donc pas affaire de caractère. Il ne s'agit pas d'autoritarisme, pas seulement ; pas du fait du prince, pas seulement. Il s'agit d'une conception de l'État, à disposition du pouvoir.

On abîme l'État. Moins grave mais plus symptomatique encore, on abîme le gouvernement. Je n'ai pas souvenir d'avoir vu un gouvernement aussi maltraité, méprisé, par le président qui l'a nommé. Circonstance aggravante : ce n'est même pas pour des raisons de mésentente politique ou personnelle. Je ne crois pas que François Fillon soit particulièrement détesté de Nicolas Sarkozy. Je croirais volontiers qu'il l'agace, à jouer les vertueux tandis que lui, on croirait l'entendre, « se tape le sale boulot, les mains dans le cambouis ». Il y a chez Fillon comme un air de premier communiant, toujours bien peigné, modeste de surcroît, que Sarkozy doit prendre pour le comble de l'hypocrisie. Mais ce n'est que de l'agacement. Maintenant que les sondages se sont réalignés, ou à peu près (cela doit compter), les relations ont dû se normaliser. On n'est plus au temps où le qualificatif de « collaborateur » mettait le feu aux poudres : « Le Premier ministre est un collaborateur, le patron, c'est moi… », disait-il en août 2007[1]. C'est pire. Le gouvernement est effacé, zappé par le président de la République. Le Premier ministre est physiquement présent, mais politiquement oublié. Tout est fait pour cela. Un exemple entre mille : lors du

----

1. Cette phrase que Nicolas Sarkozy a niée a bien été prononcée devant une dizaine de journalistes de la presse de province, rapportée par *Sud-Ouest* le 22 août 2007.

sommet social réuni à l'Élysée le mercredi 18 février 2009, tous les syndicats de salariés sont présents, toutes les organisations représentant les entreprises, les membres du gouvernement intéressés, et le Premier ministre, bien sûr. On se souvient que François Fillon a été ministre des Affaires sociales dans un précédent gouvernement, qu'il connaît donc les partenaires présents, et les dossiers dont on va traiter. À la stupéfaction des responsables invités, la réunion, qui dure plusieurs heures, même si une part des conclusions a été négociée à l'avance, s'achève sans que le Premier ministre, chef du gouvernement, soit même invité à prendre la parole une seule fois ! Effacé, le Premier ministre. Effacé, le gouvernement dans son ensemble. Les ministres se répandent en ville, et dans toutes les gazettes, pour expliquer combien leur avis compte peu, à quel point on les ignore, comme seuls comptent les conseillers de l'Élysée. « Les ministres ne sont rien, seuls les conseillers comptent… », dit publiquement un des poids lourds de l'UMP. Le gouvernement est désormais peuplé d'ombres, dont la moitié pousse la complainte du disgracié, ou de la disgraciée, et l'autre moitié s'affirme candidat à la reprise du portefeuille devenu orphelin. Il ne se passe pas de semaine sans qu'un ministre, parmi les rares qui parlent encore, s'entende désavouer, rabrouer, abandonner en rase campagne. Inutile d'épiloguer : cela est désormais si ouvert que nul ne discute plus de cette disgrâce générale.

L'actuel président de la République a supprimé le gouvernement, censé aux termes de l'article 20 de la Constitution « déterminer et conduire la politique de la nation », et qui n'est même plus en situation d'appliquer et de suivre une politique définie et mise en œuvre ailleurs, plus haut, entre les mains d'un seul.

Ne parlons même pas du parlement. La cinquième République est un régime de vague souvenir parlementaire, sans parlement, sauf dans les périodes, rares, de cohabitation. Comme la majorité parlementaire est directement dépendante de l'élection présidentielle, elle est soumise à l'exécutif. Pieds et poings liés. On nous a vendu, à grand son de trompe, une réforme des institutions. Je m'honore de ne pas l'avoir votée, tant il va apparaître de faux-semblants, d'ambiguïtés, et au bout du compte de dangers dans ce texte. On le voit tous les jours : les parlementaires sont convoqués à l'Élysée, sommés de voter comme on le leur demande, même si cela leur coûte. On ne le vit jamais autant que dans le débat, pourtant au sens propre historique, de l'entrée dans le commandement intégré de l'OTAN. Les députés du parti majoritaire, les uns après les autres, manifestaient en privé leur désaccord, leur désarroi, leur révolte. Des dizaines d'entre eux annonçaient qu'ils n'accepteraient pas de donner leur aval à ce choix. Pas un seul n'a osé voter contre. Je vais trop vite : un seul[1], un sur trois cent quatre-vingts a pris son courage à deux mains et a voté non. Les autres me disaient : « Bien sûr, tu as raison, c'est vrai, mais je ne peux pas voter contre le gouvernement. » Et ils avançaient des raisons dérisoires : on était en pleine période de découpage électoral, leur circonscription pourrait être charcutée, à leur détriment. Ou bien, ils avaient besoin d'une subvention particulière et on leur avait bien fait comprendre qu'en cas de vote négatif, c'était adieu la subvention. Ou bien encore, on leur avait fait les gros yeux...

---

1. Franck Marlin, député de l'Essonne.

Mais nous savons tout cela. Inutile d'épiloguer. Il n'y a pas de parlement. Il y a le visage parlementaire d'une majorité présidentielle. Et cette majorité est aux ordres, sur tous sujets, sous la férule des gardiens de troupeau. Et les députés qui me croisent dans l'ascenseur soupirent : « Nous ne servons à rien, tu le sais bien… » Je le sais. Je le savais avant même qu'ils ne trouvent leur place dans l'hémicycle. Quand un parti a la majorité à lui seul, et que chacun de ses élus doit son mandat à la faveur du souverain, à son investiture pour les élections passées et pour les élections à venir, ce ne sont pas des institutions pour homme libre : ce sont des institutions d'asservissement.

Mais il y a pire. La pire abolition dont se soit rendu coupable l'actuel président de la République, ce n'est ni celle du Parlement, ni celle du gouvernement : c'est celle de la fonction présidentielle.

Lorsque le président de la République s'est transformé, au vu et au su de tous, en homme de parti, en chef de parti, il a amputé la fonction de la légitimité qui était la sienne. Lorsqu'il a décidé que désormais on n'allait plus se gêner, qu'il participerait aux bureaux de son parti, aux congrès, aux meetings de son parti, il a symboliquement rayé d'un trait de plume la mission de rassembleur, de fédérateur, qui est celle de la fonction présidentielle sous toutes les Républiques. Il faut bien pour que les citoyens vivent ensemble qu'il y ait un lieu, qu'il y ait un pouvoir qui soit au-dessus des partis, des querelles et des clans. En monarchie constitutionnelle, c'est le roi ou la reine. En république, c'est le président. Et ainsi l'entendent tous les pays, sans exception. Même quand le président gouverne, ce qui est le cas du président américain, sa mission est de rassembler, ne serait-ce que pour faire passer les réformes qu'il propose et qui requièrent l'assentiment du Congrès.

Parmi les abus de pouvoir qui portent atteinte aux principes de notre démocratie, celui-là n'est pas le moindre. Le président partisan n'est plus un président. On ne peut plus en appeler à lui contre les partis quand les partis, emportés par l'appétit de pouvoir, manquent à leurs obligations républicaines. Il n'existe plus de recours. Or, les peuples ont besoin que subsiste un recours ultime. Ne serait-ce que pour rappeler chacun aux respects des règles. C'est quand la monarchie française, le jour de la Saint-Barthelemy, est devenue partisane que les Valois ont perdu le trône.

Chapitre XIII

Au bout du pouvoir

Et tout cela pourquoi ? Cette question n'a cessé de me tarauder en écrivant ce livre. Je vois bien, en tout cas assez bien, ce qu'il y a de narcissique dans cette organisation du pouvoir, un seul homme assez désinvolte pour croire qu'il peut décider de tout, tout seul. Je vois bien l'idéologie, l'argent, les inégalités, l'alignement servile du côté des puissants. Mais où le pouvoir se projette-t-il ? Quel est son horizon ? Je vois où il nous conduit. Mais lui, où va-t-il ? Nicolas Sarkozy est un homme jeune. Que construit-il ?

C'est l'affaire Pérol, étrangement, qui m'a proposé une réponse. Affaire à ce point estomaquante qu'il convient de la regarder non pas seulement en ce qu'elle est, un manquement ouvert, non dissimulé, à la loi pénale de notre pays, mais en ce qu'elle signifie. « Quand le doigt montre la lune, l'imbécile regarde le doigt », disent paraît-il les Chinois. Regardons le doigt, et n'oublions pas de voir la lune.

Quand commence à circuler la rumeur de la nomination de François Pérol à la tête d'un nouvel ensemble

227

bancaire né de la fusion des Caisses d'épargne et des Banques populaires, d'abord je n'y crois pas. J'imagine qu'il y a là un leurre. Je me dis que l'Élysée agite Pérol pour mettre quelqu'un d'autre à la place, façon grand seigneur qui, voyant monter une polémique, l'élude et fait à ses adversaires la grâce de leur donner raison. Du billard à deux bandes. Je me trompe. Ils ont fait ce qu'ils annonçaient qu'ils feraient.

Il y a des mois que la presse tient la chronique de l'aventure de l'Écureuil et des Banques populaires. J'ai bien suivi la genèse de cette affaire au temps où Francis Meyer dirigeait la Caisse des dépôts et consignations, la CDC, qui détient une partie importante des avoirs bancaires de la nation. Comme on voit, je fais une différence entre la nation et l'État. Ce n'est pas l'État qui a doté la CDC, ce sont les Français au travers des livrets d'épargne, placement protégé, garanti, dont les montants gérés par la Caisse servaient à financer en particulier le logement social en France.

Francis Meyer m'accompagnait de son amitié depuis longtemps. Il était un de ces démocrates-chrétiens alsaciens, fils du peuple, agrégé d'allemand, l'agrégation d'allemand étant dans notre génération une des plus réputées avec l'agrégation de philosophie, passé par l'ENA ; il avait été malade ; et il avait une espèce de caractère étranger aux milieux de pouvoir, provincial, venu de loin, qui me touchait. Bref, nous nous étions liés et il avait décidé pour ainsi dire unilatéralement que si j'approchais un jour de Bercy, il serait mon homme de confiance. Président du Club de Paris, qui gère la dette du tiers-monde, il avait plu à Jacques Chirac durant un voyage en avion, de nuit, pour s'être précipité dans la cabine du Président, au premier appel, et en chaussettes... Cette hâte familière, par son caractère bon enfant et décalé, avait séduit le président de la République et il avait pensé à lui lorsqu'il s'était agi du poste éminent de « la Caisse », comme on dit. C'est du moins ainsi que Francis Meyer me racontait le choix du souverain d'alors.

Quelques mois après sa nomination, le directeur général s'aperçoit qu'une manœuvre est en cours contre les intérêts de la Caisse. Les Caisses d'épargne sont en principe liées à la CDC par un des pactes d'actionnaires les mieux « bétonnés » de France. On comprend pourquoi : l'Écureuil a dû sa fortune au monopole du livret A. Pendant des décennies, on disait dans les campagnes et les banlieues : « Je vais te donner cent francs, pour ta communion, ou pour le certificat, tu vas ouvrir un livret de Caisse d'épargne. » Dans l'esprit des Français du peuple, ce n'était pas un établissement bancaire, même mutualiste, c'était à la poste, c'était l'État, la République. L'argent était géré par la Caisse des dépôts, mais récolté par les Caisses d'épargne : c'était la même maison, l'épargne publique en France, protégée par l'État, au service des citoyens. Lorsque la mode vint de créer la concurrence, et que les Caisses d'épargne prirent leur autonomie, un accord fut noué pour que les deux maisons conservent leur lien privilégié. Les dispositions de l'accord étaient que les Caisses d'épargne ne pouvaient nouer d'alliance sans en avertir la CDC, et sans inviter la CDC à y participer. Rien que d'évident.

À l'automne 2005 Francis Meyer apprend par des indiscrétions que Charles Milhaud, le président des Caisses d'épargne est en train de négocier un accord avec un autre établissement mutualiste, les Banques populaires, pour créer ensemble une filiale commune, banque d'affaires, en fusionnant leur filiale Ixis avec

Natexis, son homologue auprès des Banques populaires. À terme, c'est une incroyable diminution d'influence pour l'institution dont il a la charge. De surcroît, la maladie frappe de nouveau, le directeur général est très affaibli, terriblement amaigri, échappe de peu à la mort. Quand je le vois sur son lit d'hôpital, il est obsédé par le sentiment que l'on a profité de sa maladie pour le trahir. Il ne pourra pas empêcher la manœuvre, mais il a gardé suffisamment de combativité pour menacer ceux qui l'avaient trahi et, au moins, les obliger à payer. La Caisse pour prix de son *nihil obstat* recevra sept milliards d'euros. Sans le savoir, Francis Meyer qui va être emporté en quelques semaines vient de faire faire à la Caisse dont il a la charge la meilleure des opérations.

Car si Natixis est créé, le portefeuille d'actions risquées, pourries, dont le nouvel établissement est chargé, notamment dans les *subprimes*, va entraîner par le fond bateau et équipage, menaçant même l'armateur… Natixis a perdu en quelques mois plusieurs milliards d'euros, au moins trois, peut-être davantage. Les deux maisons mères sont associées aux pertes abyssales. L'État est obligé de les recapitaliser pour leur éviter le pire. Ce sont des banques mutualistes que même la gauche en 81 avait respectées dans leur liberté. Les Caisses d'épargne, de surcroît, c'est une si grande proximité avec le nouveau pouvoir que dans le Paris des affaires et de la politique, on les surnomme « Sarkoland », assurant l'emploi ou le reclassement de proches ou d'alliés.

Durant tout l'hiver le feuilleton s'enrichit de nombreux rebondissements, responsables contraints de quitter leurs fonctions, mais pour certains ménagés, reclassés en douce. On dit que le pouvoir veut obtenir, sans délai, la fusion des deux établissements qui, ensemble, représenteront le deuxième réseau bancaire français.

Les journaux se font l'écho des scènes de ménage, des ukases reçus par les dirigeants, du bras de fer entre les responsables, qui regimbent devant cette fusion obligée. Mais l'État a dans sa manche un atout maître : c'est lui qui va devoir signer le chèque de cinq milliards qui remettra l'ensemble à flot.

Quasiment au vu et au su de tous, les tractations sont organisées à l'Élysée dans le bureau du secrétaire général adjoint de la présidence de la République, chargé des questions économiques et financières, François Pérol.

Je n'ai jamais rencontré François Pérol[1] en privé, ni même en cercle restreint. Il y a quelque douze ans que, de mon propre choix, je ne fréquente plus les cercles de pouvoir. Pérol a la réputation de quelqu'un d'intelligent qui est au cœur de toutes les affaires de Meccano industriel, économique, bancaire de l'État. Les journaux rapportent à plaisir qu'il est en privé « très drôle » et qu'il se plaît à des « imitations » irrésistibles, en particulier de son « patron ». Major de l'ENA, inspection des Finances, direction du Trésor, puis directeur adjoint du cabinet de Francis Mer, demeuré auprès de Sarkozy quand celui-ci entre à Bercy. Il est l'homme de toutes les opérations qui touchent les grandes entreprises dans lesquelles, en France, l'État a l'habitude d'intervenir, notamment Alstom Bouygues. Il décide ensuite d'entrer dans le

---

1. Un seul face-à-face public, le temps d'une question lors de son audition devant la commission des finances de l'Assemblée nationale.

privé, et c'est à la banque Rothschild qu'il atterrit. Ici, premier incident juridique : passer de l'administration de l'État à la première banque d'affaires française, cela ne se fait pas sans risque, en l'état actuel de la règle administrative et de la loi. J'ai vaguement entendu dire qu'à l'époque des doutes s'étaient élevés sur la régularité du transfert. Mais c'est un bruit lointain.

En revanche, ce qui n'est pas lointain, ce sont les articles de journaux, abondants, presque haletants qui sur fond de crise généralisée du monde bancaire relatent les péripéties de l'épreuve de force qui réunit l'État, les Banques « pop » et l'Écureuil. Avec force détails, on raconte comment dans le bureau de M. Pérol, nuitamment, les dirigeants des deux banques se voient poser un ultimatum. Ils doivent annoncer leur fusion, tout de suite, sans quoi l'État refusera les crédits nécessaires à la survie. Pérol ordonne. Pérol tape du poing sur la table. Pérol est un acteur de la décision. Pérol est en charge du dossier, de ceux qui définissent le montant de l'aide de l'État, cinq milliards et prise de contrôle par l'État de 20 % des actions de la nouvelle banque.

Et c'est pourquoi je n'ajoute pas foi aux rumeurs. Parce que la toute-puissance présidentielle peut bien des choses en France, comme on ne cesse de le voir, mais tout de même pas se mettre directement en infraction avec la loi. Car il existe un ensemble de dispositions réglementaires, en particulier un décret n° 2007-611 du 26 avril 2007 « *relatif à l'exercice d'activités privées par des fonctionnaires ou agents non titulaires ayant cessé temporairement ou définitivement leurs fonctions et à la commission de déontologie* » : le texte est sans ambiguïté : « *Il est interdit aux agents mentionnés au paragraphe I de l'article 87 de la loi du 29 janvier 1993 susvisée qui cessent temporairement ou définitivement leurs fonction [...] de travailler [...] dans une entreprise privée, lorsque l'intéressé a été chargé, au cours des trois dernières années qui précèdent le début de cette activité, dans le cadre des fonctions qu'il a effectivement exercées : 1° D'assurer la surveillance ou le contrôle de cette entreprise ; 2° De conclure des contrats de toute nature avec cette entreprise ou de formuler un avis sur de tels contrats ; 3° De proposer directement à l'autorité compétente des décisions relatives à des opérations réalisées par cette entreprise ou de formuler un avis sur de telles décisions. »*

Ce qui est écrit est écrit : c'est une interdiction formelle. On ne peut pas tourner une interdiction formelle lorsqu'on est secrétaire général adjoint de la présidence de la République.

Mais le texte le plus lourd est celui du code pénal. La loi pénale, qui déclenche l'action de la justice, l'affirme : *« Est puni de deux ans d'emprisonnement et de 30 000 euros d'amende le fait, par une personne ayant été chargée, en tant que fonctionnaire ou agent d'une administration publique, dans le cadre des fonctions qu'elle a effectivement exercées, soit d'assurer la surveillance ou le contrôle d'une entreprise privée, soit de conclure des contrats de toute nature avec une entreprise privée ou de formuler un avis sur de tels contrats, soit de proposer directement à l'autorité compétente des décisions relatives à des opérations réalisées par une entreprise privée ou de formuler un avis sur de telles décisions, de prendre ou de recevoir une participation par travail, conseil ou capitaux dans l'une de ces entreprises avant l'expiration d'un délai de trois ans suivant la cessation de ces fonctions. »*

Ma première réaction est donc celle-là : la nomination de M. Pérol à la tête du futur deuxième réseau bancaire français est purement et simplement illégale. La loi est écrite pour empêcher l'utilisation ou même le soupçon de décisions d'État à des fins privées. C'est son objet même. À telle enseigne qu'un chargé de travaux, dans une direction de l'équipement en province, qui doit surveiller le goudronnage d'une route, ne peut pas être embauché par cette entreprise avant trois ans. Sinon, poursuites ! Et on accepterait que l'homme de l'Élysée, qui met en branle l'appareil d'État, qui s'en fait le bras armé, qui met au point l'opération, qui participe à la définition du financement, en devienne le premier bénéficiaire ? L'homme dans le bureau duquel tout a été décidé, une fois l'opération montée, changerait brutalement de côté et s'assiérait dans le fauteuil du patron de la nouvelle banque ? Et tout cela sans aucun respect pour les règles et les procédures ?

Car les règles ont été soigneusement mises au point : une commission de déontologie a été mise en place qui doit être saisie, par le fonctionnaire lui-même ou par sa hiérarchie lorsqu'une telle décision est envisagée.

Dans le cas de Pérol, cela donne lieu à une séquence de vaudeville : de Rome où il participe à un sommet franco-italien, Nicolas Sarkozy annonce, triomphant et moqueur : « *La commission de déontologie a eu l'occasion de donner son point de vue ; ce point de vue a été communiqué aux deux banques et il sera rendu public. Vous verrez en l'occurrence la différence entre une polémique et un problème. De problème il n'y en a pas.* » Et il ajoute, faraud : « *La politique du gouvernement est toujours fondée sur le même critère : la compétence, la compétence, la compétence... J'observe que lorsqu'il s'agit de nommer quelqu'un de compétent qui vient de la gauche, ça ne vous intéresse pas. Je ne peux pas nommer que des gens de gauche.* » La moquerie n'était pas de saison. En quelques heures, on apprit en effet que la commission de déontologie n'avait pas donné son point de vue : pire encore on avait refusé de la saisir. Elle ne s'était donc pas réunie. Pour éviter cette saisine, on avait demandé une lettre au président de cette commission, le conseiller d'État Olivier Fouquet : cette lettre ne concernait nullement, assure-t-il, le cas Pérol : « *Le secrétaire général de l'Élysée m'a appelé et m'a demandé un cadrage juridique sur les départs des membres des cabinets ministériels. Il arrive souvent que les administrations nous demandent des précisions sur les textes. J'ai demandé une lettre écrite pour me notifier la demande*[1]. » Il affirme qu'il n'aurait jamais imaginé que cette lettre donne lieu à telle utilisation. Et il ajoute, pour mettre un comble à la confusion du pouvoir : « *La commission a été tout près de démissionner hier. Nous avons imaginé une démission collective. Ce qui nous a arrêtés, ce sont les termes de la loi… On aurait créé une vacance préjudiciable au fonctionnement de l'État et qui aurait pu durer : quel conseiller d'État, quel conseiller de la Cour des comptes, quel haut fonctionnaire accepterait aujourd'hui de siéger à la commission de déontologie ?* »

Entre les lignes, le président de la commission dit deux choses : si la commission avait démissionné en bloc, et si le pouvoir avait profité de cette démission pour la saisir, le temps de la reconstituer, le délai de

---

1. Tous les propos d'Olivier Fouquet cités ont été tenus lors de l'audition du président de la commission de déontologie par la commission des lois de l'Assemblée nationale, le jeudi 12 mars 2009.

réponse aurait été dépassé et donc l'avis de la commission considéré comme favorable. En français : nous n'avons pas démissionné pour que l'inacceptable nomination de Pérol ne passe pas à notre insu. Et la deuxième affirmation, c'est que cette affaire a déconsidéré la commission, au point que plus personne n'acceptera d'y siéger. Terrible aveu.

Voilà comment les lois, les principes et les institutions de la République sont foulés aux pieds et de ce fait déconsidérés.

Je parlais des principes : François Pérol a été, pendant deux années, au vu et au su de tout le monde, le confident obligé de toutes les situations de crise, de toutes les difficultés de l'ensemble du monde économique français et notamment de l'ensemble des banques. Devenant président de l'une d'entre elles, il amène avec lui bien des secrets. C'est un déséquilibre inacceptable dans un pays qui voudrait pratiquer la loyauté dans les affaires.

Et c'est un danger pour l'entreprise. Car l'infraction aux lois ainsi caractérisée va entraîner une cascade de plaintes. Les syndicats ont annoncé qu'ils en préparaient une. Une des plus actives associations de lutte contre la corruption, Anticor, a en tout cas déposé la première. La justice poursuivra : ce qui signifie que le président de la nouvelle banque, résultat de l'opération de fusion bancaire la plus importante qui ait jamais été réalisée en France, selon un calendrier de titan, puisque l'opération a été programmée pour être achevée en six mois, sera largement occupé à sa défense, sera auditionné pendant cette période par un juge d'instruction, sera rappelé à son passé.

Car Pérol a déjà eu affaire à la commission de déontologie, et il semble évident qu'il n'a pas respecté les obligations qui lui avaient été faites. En décembre 2004, François Pérol est (déjà) le directeur adjoint du cabinet de Nicolas Sarkozy à Bercy, au ministère de l'Économie et des Finances. Déjà, il souhaite rejoindre le monde des affaires et accepte d'entrer à la banque Rothschild. À l'époque, la saisine de la commission de déontologie est obligatoire[1]. Et la commission décide que Pérol peut exercer son nouveau métier, mais à une condition : « *sous réserve qu'il s'abstienne de traiter toute affaire dont il a eu à connaître dans ses fonctions* » antérieures. Quelles sont les « affaires » visées ? Parmi celles-ci, il est de notoriété publique qu'il a géré en direct la cession d'Ixis aux Caisses d'épargne. Ce dossier, au moins, devrait lui être interdit. Or quel est le principal dossier dont se charge François Pérol à la banque Rothschild ? La fusion d'Ixis, propriété des Caisses d'épargne, avec Natexis, propriété des Banques populaires, deux banques « de marché », pour créer Natixis, filiale commune des deux géants mutualistes ! Cette fusion rapportera de l'aveu même de François Pérol près de 11 millions d'euros à la banque Rothschild, dont, forcément, lui-même recevra une part importante[2]. Pérol s'était donc mis en infraction aux règles fixées dès sa précédente incursion dans le privé.

Natixis est à l'origine, et aussi au bout de cette affaire. Puisque la banque ainsi créée avec le conseil de

---

1. Au passage, question jamais posée : pourquoi et sous quelle influence, et pour quels intérêts, en 2007, a-t-on modifié cette règle pour faire passer la saisine de la commission de déontologie d'obligatoire à facultative ? Encore une obligation qu'il faudra rétablir.

2. Mediapart.fr a établi, selon une estimation « prudente », que la somme rétrocédée par Rothschild au titre des résultats à son associé-gérant s'établirait au moins à 1,5 à 2 millions d'euros.

François Pérol va être un des échecs les plus impressionnants du monde de la banque et de la finance qui pourtant n'en ont pas été avares. Introduit en Bourse à 19,5 euros, le titre vaudra quelque deux années plus tard moins d'un euro ! La valeur de l'entreprise a été divisée par vingt ! Les épargnants qui lui ont fait confiance ont à ce jour tout perdu ! Les pertes déclarées atteignent les trois milliards. Et la chaloupe menace d'entraîner par le fond les vaisseaux amiraux, contraints d'amener les couleurs et de se fondre dans un nouvel ensemble, sous l'autorité... de Pérol !

Tout cela pourquoi ? Avec un bel ensemble, le pouvoir répond : compétence, compétence. Pourtant François Pérol n'a *jamais* exercé le métier de patron d'une banque de dépôts. Sa contribution à Natixis ne plaide pas particulièrement en sa faveur. Et on a du mal à croire qu'il n'existait pas sur la place de Paris, ou parmi les responsables des deux entreprises, un seul homme, ou une seule femme, expérimenté, énergique, pour relever ce défi...

Alors pourquoi ? Pourquoi prendre tant de risques ? Pourquoi en faire courir autant au nouvel établissement ? Pourquoi ternir encore l'image de la France, par une multiplication de pratiques constamment douteuses ? Je ne vois à cette question qu'une seule réponse, aussi difficile à formuler qu'elle soit : c'est qu'il *importait au pouvoir que la deuxième banque française soit placée entre les mains d'un proche*. Et que cet enjeu était plus important que les risques exposés.

L'affaire Pérol est un révélateur. Ce n'est pas le doigt qu'il faut regarder, c'est la lune. C'est que pendant que la France se débat dans une crise sans précédent, pendant que notre société doute, pendant que silencieusement monte une révolte contre les inégalités qui font le fond de la politique suivie, pendant ce temps, une autre entreprise est en cours. Au public, on veut imposer les lois du marché. Mais au marché, au contraire d'une saine concurrence, de la lutte contre ententes, concentrations et monopoles, on veut imposer la mise en place d'un réseau d'influences, qui en fera la chasse gardée de cartels tout-puissants.

Au public, les mœurs du privé. Mais au privé, la loi du réseau.

Il suffit de suivre en détail les opérations et nominations successives, dans le monde de la banque, dans le monde de l'entreprise. Partout, on place les collaborateurs, les proches, les amis du président de la République actuel, constituant un réseau d'ententes, de connivences, jamais avouées, jamais explicites, mais qui enserreront bientôt la vie de la nation, sa vie économique, financière, médiatique, politique, dans un réseau d'intérêts sans aucun précédent.

Et si ce que les « noyaux durs » de jadis avaient échoué à installer, on était en train de le réaliser aujourd'hui ?

Car il existe une différence essentielle entre les nominations dans l'ordre politique ou même administratif et les nominations dans les entreprises, les banques, le monde industriel. C'est que les premières ont une échéance, c'est l'alternance. Si les citoyens en décident ainsi, lors de l'élection présidentielle et des législatives qui la suivent, on peut rebattre les cartes et reconstruire le pluralisme. Ce n'est pas le cas avec les nominations dans les affaires.

Si un réseau d'influence et d'intérêts est installé au cœur des mondes de la décision politique, médiatique, financière, économique, son influence sera toute-puissante durant la période où s'exercera le pouvoir. Mais cette influence ne disparaîtra pas avec l'alternance. Elle se perpétuera. Imagine-t-on le poids (je parle au sens propre) qu'aurait sur la société française un tel réseau, joignant de puissantes sociétés industrielles, de grandes banques, des médias dominants ? Et cela sans que jamais les liens qui soudent ces puissances soient explicites pour le citoyen ? C'est le monde de l'argent qui met la main sur la vie d'un pays. Et si cet univers est mû à la fois par de puissants intérêts et une puissante idéologie, tout est en route pour des décennies de domination. Et quel recours pour les citoyens ?

Que pourrait un gouvernement démocratique dans le face-à-face avec de telles puissances ?

Une telle oligarchie, *gouvernement de quelques-uns*, est en gestation depuis la montée en puissance et l'élection de Nicolas Sarkozy.

Tout n'a pas commencé au Fouquet's, bien sûr. Et même il ne s'est rien passé au Fouquet's en ce dimanche soir 6 mai qui ne fût en place auparavant, qui ne se fût révélé à mille reprises, en pointillé ou en ombre chinoise, au regard avisé ou simplement curieux. Simplement, au Fouquet's, tout s'installe et tout s'étale. Tout s'exhibe de la vraie nature de l'événement que les Français découvrent, entendent (*« Nicolas Sarkozy a réuni un certain nombre de ses amis, triés sur le volet, dans un grand restaurant des Champs-Élysées »*) sans le comprendre (*« attention, ouvrez les yeux, le nouveau régime se montre nu »*).

Bien entendu, ils ne sont pas 1 % parmi les Français à savoir exactement ce qu'est le Fouquet's, quelle place tient ce « palace » dans une certaine mythologie, dans le star system, chez ceux qui pensent qu'il faut se montrer pour vivre. Le palace system, le casino system, la nuit, le jour, l'argent.

Et c'est là que celui que les Français viennent d'élire choisit d'installer sa « tribu », ce soir-là, ce soir entre les soirs. L'homme aux deux faces : l'une déjà délaissée, la France des ouvriers, la France des pauvres qui ont voté pour lui, qui se bat les flancs place de la Concorde ; et l'autre, la France des nantis, des privilégiés, des débordants, qui l'ont choisi, l'ont poussé, l'ont servi parce qu'il les avait de longue date choisis, poussés, et était d'avance d'accord pour les servir encore. Du moins le croient-ils.

Ce soir-là, *ils* s'installent. Dans la République, enfin chez eux.

Ce que leur avaient obstinément refusé les présidents précédents, enfin on le leur livrait. De Gaulle ne les voyait pas, Giscard les regardait de haut, Mitterrand de loin, Chirac du coin de l'œil. Eux qui avaient tout, partout, toujours la République les avait tenus en lisière. Enfin le jour de gloire était arrivé, enfin ils pouvaient s'asseoir, enfin chez eux, à la table des maîtres.

Ils étaient les maîtres de l'argent, ils deviennent les maîtres du pays... Le Cac 40, le showbiz, les groupes de médias... L'industrie, la banque, le luxe, les multi-milliardaires, la première fortune de France, la première fortune de Belgique, la première fortune du Québec, les acteurs vedettes, des patrons de journaux, les propriétaires de télés. Tous intimes du nouveau pouvoir.

Nous le savons bien. Nous vivons en un monde où peu à peu l'argent a gagné. Où tout, dit-on, s'achète et tout, paraît-il, se vend. Nous le savons bien. Nous l'avons vue venir de loin, cette vague. Et Péguy le premier au tournant du siècle dernier écrivait *L'Argent* et *L'Argent, suite.* Et c'était un admirable réquisitoire. Mais il y eut des décennies de résistance.

Ce soir, les résistances étaient finies.

Ce soir du 6 mai 2007, sur les banquettes du Fouquet's, c'était triomphe de classe, comme jamais la France n'en connut. Les puissances d'argent venaient chercher leur dû. Désormais, leur pouvoir était sans partage et sans frein. Désormais, la République qui leur faisait toujours un peu la gueule, qui leur mégotait les honneurs, qui les écoutait d'une oreille distraite lorsqu'il s'agissait des choix politiques du pays, cette République distante, tenue jusque-là hors de leur portée, leur appartenait. Enfin.

Ils buvaient à la victoire de Nicolas Sarkozy et à leur triomphe.

En une chute sans précédent, ce pays qui avait eu tant de mal à se libérer de l'alliance du trône et de l'autel se retrouvait livré à l'indécente alliance, à l'alliance étalée, l'alliance exhibée du trône et de l'argent.

Et les pauvres, et les demi-riches, les quarts de riches, ceux qui ne sauront en réalité jamais ce qu'est la richesse, se trémoussaient entre eux, s'emmerdant déjà vaguement, place de la Concorde.

Les psychanalystes décrivent pour la constitution d'une personnalité d'enfant la « scène primale », celle où tout se joue, le choc qui toute sa vie le marquera. Le Fouquet's est la scène primale du nouveau régime. Qui, dès la première seconde, révèle tout de sa nature, de ses choix profonds. Le yacht de Bolloré fera le reste. Et Alain Finkielkraut aura beau s'étrangler d'indignation : « *On ne peut pas se réclamer du général de Gaulle et se comporter comme Silvio Berlusconi. [...] Contrairement à ce qu'il avait annoncé sur un ton grave, Nicolas*

Sarkozy ne s'est pas retiré du monde pour habiter la fonction présidentielle : entre le Fouquet's, Falcon et palace flottant, il a oublié qu'il venait d'être élu président de la République. [...] Pendant trois jours, il nous a fait honte[1]. »

Ce n'est pas sujet de honte, c'est sujet de colère. Donc de refus.

Car la honte, d'une certaine manière, est un acquiescement.

Il y a deux visages à cette entreprise de mainmise, de connivence, de domination de la France politique et de la France des affaires. Un visage actuel, et un visage en construction.

Il y a ce qui se fait tous les jours, et ce qu'on prépare.

Dans ce qui se fait tous les jours, il faut bien s'arrêter une minute, puisque tous les journaux célèbrent son influence sous les décisions les plus discrètes, au désopilant Alain Minc.

On ne pourra pas dire que Minc ne m'aura pas cherché. Cela fait des mois que chaque fois qu'il rencontre un micro il se répand en expliquant que je suis un « Le Pen *light* ». Déjà, Le Pen, ce n'est pas un cadeau, mais *light*, comme le Coca du même nom, c'est carrément de l'injure publique. Pas de pot : cette attaque si fine, si originale, mise au point par l'officine UMP dont on espère qu'elle n'est pas payée cher pour produire de si piètres mises en cause, n'a pas l'air d'émouvoir outre mesure les Français. Ni ceux qui me font confiance et qui sont vaccinés. Ni les autres, qui jugent Le Pen souvent odieux (c'est d'ailleurs ce qu'il cherche...), mais

______

1. Alain Finkielkraut, « L'état de disgrâce », *Le Monde*, 11 mai 2007.

qui ne le regardent plus comme un loup-garou. Au demeurant, quand il s'agissait de se battre contre Le Pen, c'est nous qui étions en première ligne, pas Minc. Il avait la tête ailleurs, il devait faire des affaires[1].

Alors Minc a fait un pas de géant dans ce qu'il croyait, pauvre garçon, être de la vraie grande diffamation. Du haut de sa chaire, il a proféré ceci[2], qui vaut son pesant de cacahuètes : « *Bon, maintenant, sur Bayrou, je me lâche* [attention, braves gens, tremblez tromblons, rentrez les petits enfants, Minc se lâche, ça va saigner]. *Bayrou veut jouer à Péguy, c'est-à-dire le catholicisme progressiste. Je trouve que parfois il se rapproche de Barrès, c'est-à-dire le catholicisme réactionnaire. Et je me demande parfois s'il n'y a pas un soupçon d'ombre de Charles Maurras, c'est-à-dire un catholicisme hyper-xénophobe qui parfois affleure.* » C'était Minc quand il nous avertit qu'il se lâche… On imagine comme il a dû la préparer, sa diatribe, comme il devait être content de lui-même. Et pourquoi se gêner ? Les Minç ne peuvent prospérer que parce que personne ne prend le temps, ou le risque, d'écouter, de noter, de relever les énormités qu'ils assènent à la file comme d'autres enfilent des perles.

Les Minc ne peuvent continuer à pérorer que parce que personne n'a plus de mémoire. Mais pas de chance, cordonnier, là tu tombes dans nos chaussures.

Quand on se prétend « intellectuel », « essayiste », comment dire en une seule phrase autant de crasses bêtises, accumuler tant d'ignorance grossière ? Rien

---

1. L'auteur de ces lignes a organisé entre les deux tours de 2002 le seul meeting contre Le Pen, à Marseille, au même moment et dans la même ville que le meeting d'entre deux tours du FN, avec des dizaines de politiques et d'intellectuels. Minc n'était pas là.

2. RTL, *Le Grand Jury,* 7 mars 2009.

qu'en quatre mots : *Péguy, le catholicisme progressiste !* Ah, s'il était là ! Si son ombre à la barbe carrée était là, on en entendrait, de l'orage ! Si quelqu'un avait osé prétendre à la face de Charles Péguy, dans la boutique des *Cahiers*, 17, rue Cujas, Paris V^e, qu'il était un *catholique progressiste*, il se serait proprement fait botter les fesses. Les pieds de fantassin, chaussés des brodequins réglementaires, *modèle 86 rectifié 98*, de l'ancien siècle, brodequins cloutés durs au pavé, durs au mal, dans les fesses délicates et moulées de drap fin de ces profanateurs de pensée. Car Péguy pense, Messeigneurs. Ça vous changerait de vos lectures habituelles. Et en particulier Péguy pense avec certitude, ayant été socialiste, et dreyfusard, ayant retrouvé la foi des siens, n'ayant pas fait fortune, lui, ayant au contraire beaucoup risqué et beaucoup perdu, et n'ayant rien renié, qu'on peut tout être, mais surtout pas *catholique progressiste*. Qu'il faut être tout le contraire : fidèle, fidèle aux fondations, et fidèle au peuple. Du côté des fondations et du côté du peuple. Et il vomit les progressistes de salon, et il leur botte le cul pour l'éternité.

Mais pour le savoir, il faudrait l'avoir lu. Au moins un livre ou deux. Lire parfois, au lieu de recopier les livres des autres en signant de son nom[1].

Et Barrès, *catholique réactionnaire* ! Catholique, le Barrès du culte du moi, et le Barrès du culte des morts ? Alors que le catholicisme c'est précisément le contraire, l'amour du prochain et l'amour de la vie, de la vie des vivants et identiquement de l'amour des

---

1. Le 28 novembre 2001, le tribunal de grande instance de Paris a condamné Minc pour plagiat, pour *contrefaçon*, pour avoir *servilement reproduit* dans un livre qu'il avait signé sur Spinoza pas moins de *quatorze* passages de la *Biographie imaginaire* de Patrick Rödel (Climats).

morts en ce qu'ils sont vivants. Et il n'est pas *réactionnaire*, Barrès, il est nationaliste et parfois honteusement nationaliste. Et le nationalisme, c'est régressif, peut-être, mais ce n'est pas encore, au début du XXe siècle, réactionnaire. Et Maurras, *catholique* ? La seule querelle en fait de religion à propos de Maurras, est de savoir s'il fut agnostique ou athée. Mais s'il en y en a un que personne n'a jamais taxé de *catholique*, fût-ce *hyperxénophobe,* c'est bien lui…

Bref, tout faux, trois sur trois, cent pour cent. Cent pour cent faux, c'est le tarif avec Minc. Pontifiant sur tous sujets, et rebondissant d'énormités en énormités, Dieu sait qu'il ne nous aura rien épargné. Nous aurons tout eu : pêle-mêle *la mondialisation heureuse* quelques années après *l'argent fou.* Il est vrai qu'au moment de l'argent fou, Minc s'affirmait de gauche, avant de devenir le servile avocat du capitalisme. J'oubliais : une défense passionnée des stock-options, comme si les stock-options avaient besoin de défenseur…

Tout jusqu'à la négation péremptoire et pontifiante de la crise, pendant des mois, et contre l'évidence.

Dans le bâtiment, il y a trois sortes d'experts : ceux qui voient avant les autres que le plafond va tomber, ceux qui le reçoivent sur la tête en même temps que les autres, et qui commentent la chute, et ceux qui, couverts de plâtras jusqu'au trognon, continuent tranquillement d'affirmer que le plafond est parfaitement solide. J'en connais peu de la première catégorie, beaucoup de la deuxième et un seul de la troisième : l'emplafonné radieux, c'est Minc.

Le 10 octobre 2008[1], alors que la crise couve depuis des mois et que la faillite de Lehman Brothers date de

____

1. « Parlons Net », france-info.com, avec lefigaro.fr, rue89.com et marianne2.fr.

trois semaines, que le monde financier s'est effondré, le ravi déclare sans frémir que « *la crise est grotesquement psychologique* » ! Les centaines de milliers de chômeurs que nous aurons en plus cette année devraient un jour dire à ce Minc ce qu'ils pensent du caractère *grotesquement psychologique* de la crise, demander leur compte à ceux qui les ont entraînés là, « *modestes artisans du capitalisme* » comme dit le modeste artisan à millions d'euros de revenus, les serviles serviteurs de l'idéologie dominante, les destructeurs conscients de l'égalité, défenseurs des inégalités dont ils profitent ensuite sans mesure. Nous aurons tout entendu : fin mars 2009, l'impayable[1] Minc se fend d'une tribune moralisatrice dans *Le Figaro*, « Lettre ouverte à mes amis de la classe dirigeante », dans laquelle il ose fustiger le goût du lucre des « managers », à coups de bonus et de stock-options. Celui qui signe cette tribune n'est autre que le même Minc qui, administrateur de Vinci, membre du comité de rémunérations, n'hésita pas à attribuer quelque 250 millions d'euros (250 millions ! ! !) à Antoine Zacharias au moment de son départ et à défendre de surcroît une prime supplémentaire de 8 millions d'euros pour avoir conclu à son plus grand bénéfice l'opération de privatisation des autoroutes. Lui qui, par ailleurs, était sous contrat avec la même entreprise, pour quelque 160 000 euros par an... Administrateur, garant des rémunérations, conseiller sous contrat. Passe-moi la rhubarbe, je te passerai le séné. La martingale de l'ascenseur : merci, mon cher Roux, merci mon cher Combaluzier. Et c'est eux qui continuent à donner la leçon, à

---

1. Oui, je sais l'adjectif est mal choisi, mais tout le monde ne dispose pas de la plume de Rödel.

morigéner, à prêcher, avec leur plafond jusqu'aux oreilles.

De son influence étalée dont il assure lui-même la promotion, faisant courir sur son propre compte les bruits les plus flatteurs dès que sorti de l'antichambre, Minc jouit sans mesure. Lui qui, chaque fois qu'il s'est aventuré dans les affaires en situation de responsabilité, a fait d'invraisemblables fiascos, conduisant Carlo De Benedetti à un échec cuisant dans une tentative d'OPA sur la Générale de Belgique, et le journal *Le Monde* au bord du gouffre financier à force d'investissements risqués, le voilà qui tire aujourd'hui les fils du grand théâtre du capitalisme français.

Et personne n'ose rien dire. Parce que Minc, n'est-ce pas… Minc est à l'Élysée, affichant partout son importance, laissant dire combien son influence a été décisive pour suggérer les nominations, les lois, les décisions. Il dit à qui veut l'entendre que l'idée géniale de supprimer la publicité à la télévision, c'est lui, que la désignation de tel président d'entreprise publique, c'est lui. Minc conseille les riches et les puissants. On le chuchote conseiller rémunéré de tout ce qui compte en milliards, de Pinault à Bergé, de droite et de gauche, de Bolloré à qui le lie, paraît-il[1], un contrat pharamineux. On le dit aussi proche de Sarkozy que de DSK et de Martine Aubry. On le dit, c'est-à-dire qu'il le dit.

Le métier de Minc est l'ombre. Et l'ombre est la prédilection du régime. Dans l'ombre, on marie, on influence, on prépare des « coups » industriels ou politiques. Les affaires privées et les affaires publiques se mélangent quotidiennement sans que les citoyens en

---

1. C'est l'information que révèle Laurent Mauduit dans son enquête consacrée à Alain Minc, *Petits Conseils*, Stock, 2007, p. 252.

sachent rien. Ententes à tous les étages. De ces ententes, de ces manœuvres, le pouvoir se fait désormais chef d'orchestre. La banque et l'industrie ont leur couvert à l'Élysée. Et ceci est une défaite pour une certaine idée de la France.

Il paraît que Minc a peur de la révolution. Il a raison. Il a, plus que d'autres, contribué à rendre le capitalisme français opaque, exorbitant du droit commun, objet de soupçons, de doutes et de détestations des citoyens les plus modérés, de ceux qui triment et qui se lèvent tôt, précisément. Du jeu des cartes sous la table, cartes cachées, cartes forcées, Minc est le GO comme on dit chez ses généreux amis du Club Méditerranée. De ce capitalisme-là, si l'histoire est ce que je crois, Minc n'aura pas seulement été le petit grand prêtre : il en sera un des plus efficaces fossoyeurs. Et quelque chose me dit que ses amis et bienfaiteurs à la tête du capitalisme français vont commencer à le trouver un peu voyant.

Ce n'est plus un capitalisme de connivence, c'est un capitalisme de l'inceste. Les groupes de presse dépendent de groupes industriels qui dépendent de décisions d'État et ils salarient des intermédiaires d'influence pour orienter dans le bon sens les décisions qui concernent leur avenir.

C'est l'heure des gros coups. La fusion des Caisses d'épargne et des Banques populaires sous la houlette de Pérol est un gros coup. Une entreprise de connivence a besoin d'une banque compréhensive, comme on le vit autrefois, au temps du pouvoir socialiste avec le Crédit Lyonnais. Au point où nous allons, il faut le mesurer, la connivence est pire aujourd'hui.

Il est un dossier industriel qu'il faut surveiller, qui bout depuis des mois et des mois, qui peut constituer le môle central du réseau que je crains de voir naître. C'est le nucléaire civil, c'est Areva. Mesure-t-on ce que pourrait représenter pour l'équilibre démocratique et économique du pays la constitution d'un pôle qui réunirait Areva, Alstom, Bouygues, avec l'influence dans les médias que représenterait la propriété de TF1, ou une entente souterraine avec un futur propriétaire ? Martin Bouygues a annoncé, au début du mois de février, que cette cible était désormais prioritaire.

Si le pouvoir passe à l'acte dans cette immense affaire, il faudra mener le combat : non plus combat de politiques, mais combat de citoyens.

D'abord parce que le nucléaire civil en France, ce n'est pas leur affaire, c'est la nôtre. C'est la puissance publique qui l'a voulu, qui l'a construit. De ses mains, ou plutôt des nôtres. Nous comme contribuables, nous comme usagers d'EDF, et payant la facture, nous comme électeurs. Ils n'ont pas le droit d'en faire une affaire privée, une affaire patrimoniale.

Ensuite parce que nous ne pouvons pas accepter que se constitue sous nos yeux un Gasprom à la française. Un conglomérat entre les mains d'un petit groupe aux moyens si considérables qu'il en deviendrait un État dans l'État. Lié à d'autres intérêts, connivents, intimes, et qui continuerait à gouverner le pays au-delà même des alternances.

Tout cela, c'est du lourd, de l'épais secret. Ce ne sont plus des noyaux durs, ce sont des trous noirs. Pas un honnête homme ne peut en comprendre les arcanes.

Au nom des citoyens, il faut le dénoncer, le combattre et l'empêcher. Toutes leurs histoires de clans, de familles, d'intérêts, de connivences nous empêchent de vivre. Ce jeu est truqué. Il faut le changer.

On voit le mouvement, n'est-ce pas ? À l'univers du public, on impose les lois de l'univers du privé, les lois du marché, les lois *managériales*, celles de la concurrence. Mais l'univers du privé, celui des grosses affaires, des *deals*, comme ils disent, on l'organise en ententes, en complicités qui réunissent les affaires d'argent, les affaires industrielles et les affaires de médias. On privatise le public et on confisque le privé. Et cela offense à la fois la logique propre du public et la logique propre du privé. Le libéralisme vertueux, c'est la lutte contre les ententes et les concentrations. Le civisme, c'est la lutte contre le mélange des intérêts privés et des intérêts publics. À tout cela, on manque. Et si nous laissons faire, les alternances politiques n'y pourront rien. Que pourrait un gouvernement, même bien inspiré, contre de telles influences si elles demeuraient solidaires ? Que pourrait un gouvernement, même animé d'esprit de justice, contre tant de secrets partagés et d'intérêts croisés ? Probablement s'illusionnent-ils sur le pouvoir qu'ainsi ils construisent. Il y a bien des grains de sable qui doivent contrarier les mécanismes les mieux huilés. Mais le mieux est de n'avoir point à compter sur les grains de sable. Le mieux est de faire des lois qui protègent les citoyens.

Il existe un autre chemin...

Lorsque le jour sera venu, la vague qui dira non aux dérives subies depuis des années devra se renforcer d'une vague qui dit oui. Donnez-nous à espérer, disent les citoyens qui n'aperçoivent aucune issue. Or l'issue existe. Elle n'est même pas difficile à trouver. Il suffit d'en formuler les grands axes pour qu'elle s'établisse, se charpente, et entraîne l'adhésion.

Cela sera dit en peu de pages. Parce qu'il y a peu de choix à faire. Depuis des années, les gouvernements interviennent trop. Trop de lois, trop mal écrites, trop de décrets, circulaires, règlements, annonces, plans, mesures.

Le premier choix à faire est celui-là : la force d'un pays est-elle dans son État, dans ses politiques, dans ses gouvernants, ou bien dans la société qui le forme ? Notre réponse est celle-ci : la force d'un pays est dans sa société. La mission de l'État est donc de donner confiance à la société, aux familles, à la démocratie locale, aux entreprises, aux associations.

Au lieu de l'État toujours mis en scène, s'exposant sous les projecteurs, j'affirme la nécessité d'un État sobre. Il faut donc des règles stables et peu nombreuses, indiscutables du point de vue de la justice, qui laissent *vivre la société et non pas qui l'empêchent de vivre. Il faut des principes fondateurs, respectés dans la longue durée, de manière que la société puisse peu à peu former les cadres de son action, s'adapter, se rénover, inventer, comme l'oiseau fait son nid, son nid à lui, sous la poutre, s'adaptant à la forme du bois. L'État, c'est la poutre, mais c'est l'oiseau qui fait le nid. Au lieu de l'État qui s'occupe de tout, je demande des décisions qui font charpente. Pour le reste, cessez d'empêcher les gens de vivre, de créer, de faire marcher leur maison : ils savent le faire mieux que vous. Arrêtez de vous mêler de tout, à temps et à contretemps, simplement parce qu'un sondage de plus est venu alarmer la meute fiévreuse des conseillers et des attachés de presse.*

Le premier des principes à reconquérir est la séparation des pouvoirs. Pour empêcher à l'avenir tout abus de pouvoir, l'exécutif, le législatif, le judiciaire sont restaurés dans leur légitimité et leur autonomie.

L'exécutif doit retrouver sa légitimité : le Président préside : ayant la charge de la nation, il n'est pas l'homme d'un parti, il est le porte-parole des citoyens et non pas d'un clan. Il ne participe donc pas aux réunions de partis. Il est en charge des grandes orientations. Il est l'interlocuteur de toutes les forces démocratiques et non pas le chef d'une seule meute.
Le gouvernement gouverne : il est en charge du quotidien, responsable devant le parlement, soutenu par une majorité. Le Premier ministre, choisi par le Président, est issu de cette majorité. Il la rassemble et elle lui donne sa confiance. C'est ainsi que la légitimité du chef du gouvernement est à la fois descendante et ascendante. C'est une double confiance : confiance du Prési-

dent, confiance du Parlement, les deux élus par la nation. L'exécutif forme une équipe, Président, Premier ministre, et l'on n'est pas trop de deux, si ce sont des femmes ou hommes de qualité, pour répondre aux attentes et aux défis du temps.

Le Parlement représente la nation. Pour qu'il ne soit pas la marionnette de l'exécutif, il faut une loi électorale juste qui fasse dépendre l'élection des parlementaires non pas du bon vouloir du Président, mais de l'adhésion des Français. La république fédérale d'Allemagne a trouvé un bon équilibre. À chaque élection législative deux bulletins de vote : le premier pour élire des députés, sur leur personnalité, représentant tous les territoires ; et le deuxième bulletin de vote pour donner sa voix à un parti. Au soir de l'élection, il suffit d'ajouter des sièges aux partis à qui l'élection directe des députés n'a pas donné leur juste compte d'élus. Ainsi la dynamique majoritaire s'impose. Mais l'Assemblée est équilibrée. L'immense majorité des élus tient son mandat directement du peuple, mais tous les grands courants du pays ont leur place au Parlement, dès lors qu'ils ont recueilli 5 % des suffrages.

La justice sera restaurée dans son indépendance. La justice pénale doit être coordonnée par un garde des Sceaux confirmé par le Parlement à une majorité qualifiée et responsable devant lui. Les juges sont mis à l'abri de la mainmise de l'exécutif, aussi bien par la menace que par les honneurs ou les avantages de carrière. La justice administrative est réformée de manière que les citoyens puissent contester une décision de l'État lorsque cette décision est soupçonnée d'être contraire à la loi.

Une nouvelle séparation des pouvoirs est proclamée, qui va au-delà de la séparation entre eux des trois *pouvoirs politiques. Le pouvoir économique et le pouvoir médiatique sont eux aussi garantis par la séparation des pouvoirs. Cette nouvelle séparation des pouvoirs est inscrite dans la Constitution.*

Une loi est votée pour empêcher le mélange des genres entre intérêts privés, financiers ou industriels, et décisions publiques. Les parlementaires sont interdits de recevoir des rémunérations complémentaires de toute personne morale, en particulier de toute entreprise. Les revenus des parlementaires sont rendus publics chaque année.

Une loi est votée pour assurer l'autonomie de la sphère médiatique. En particulier, des groupes de presse ne peuvent pas dépendre de groupes industriels en affaire avec l'État. Le principe qui sera suivi par cette législation sera celui du Conseil national de la résistance : « mettre la presse à l'abri des influences étrangères, de l'État et des puissances d'argent », pour qu'elle garantisse, dans le pluralisme, la juste information du citoyen. La nomination des responsables de l'audiovisuel public sera enlevée à l'exécutif, et rendue à une procédure transparente, au sein d'un Conseil où seront représentés les grands courants démocratiques du pays et les usagers, auditeurs et téléspectateurs, du service public.

Une loi est votée contre les ententes abusives dans le monde économique, industriel, financier, à l'exemple de la loi antitrusts aux États-Unis.

Les collectivités locales sont réorganisées pour que le citoyen puisse comprendre leur fonctionnement. Les deux principes qui président à cette réorganisation sont simplification et sobriété.

Trois niveaux de démocratie sont définis : le niveau local, celui de la vie quotidienne, communes coopérant au sein de communautés, dont les responsables sont élus, comme les maires, au suffrage universel ; le niveau de l'aménagement du territoire, départements étant rassemblés au sein des régions, dirigés par les mêmes élus, gérant la même administration ; le niveau régalien, l'État national rétabli dans sa dignité et coopérant avec les autres États européens au sein de l'Union.

Tant l'État que les collectivités locales sont soumis au principe de sobriété, de lutte contre les gaspillages, de baisse des frais généraux exposés par les élus.

Le projet républicain français est restauré dans son équilibre : démocratique, laïque et social. Les décisions prises luttent contre les inégalités et construisent l'égalité des chances et l'égalité des droits.

C'est vrai notamment sur le plan fiscal. La progressivité de l'impôt est rétablie, de manière que tous les citoyens participent à l'effort commun à proportion de leurs facultés. La République française lutte contre la multiplication des privilèges.

Les services publics participent à ce projet de justice, notamment dans les territoires les plus fragiles. Les services publics sont restaurés dans leur légitimité. La puissance publique applique dans leur gestion un principe d'exigence, en fonction d'objectifs définis, et d'évaluation des résultats obtenus, et non l'application illusoire des principes du marché et de la concurrence perpétuelle.

La liberté se construit, l'égalité se défend, la fraternité se prouve. L'éducation est la clé du projet républicain. De la maternelle à l'Université et au Collège de France, le modèle français doit être défendu et soutenu. L'abandonner au profit du modèle concurrentiel anglo-saxon serait une défaite irrattrapable. Le premier but de l'éducation est de construire chez les jeunes Français une culture d'autonomie, une culture générale qui forme le jugement. La professionnalisation est une seconde étape, nécessaire. Pour certains élèves en difficulté devant l'abstraction, la formation professionnelle leur permet de se réaliser dans le concret.

La transmission de la culture, la découverte de l'art, du musée, du théâtre, de la musique, du cinéma sont considérées comme aussi importantes que la découverte et la pratique sportives, au stade, au gymnase, à la piscine ou au manège.

La créativité de la nation, notamment en matière culturelle, scientifique, économique, est soutenue et encouragée. Dans ces trois domaines, la liberté ne va pas sans soutien, notamment budgétaire ou, s'agissant de l'entreprise, fiscal. L'entreprise doit être désormais considérée en France non pas comme le fruit du seul capital, mais bien comme le fruit de l'association du capital et du travail. À ce titre, les principes de rémunération des dirigeants des entreprises, notamment des entreprises cotées, ne peuvent pas être fondés sur le seul critère boursier. Le régime des rémunérations, l'échelle des salaires, sont redéfinis dans la législation, liant le revenu des dirigeants à celui des salariés autant qu'à celui des actionnaires.

Le modèle républicain a ses valeurs : ce sont les valeurs de l'humanisme. L'humanisme n'est pas un sentiment vague et mou, c'est un projet de société rigoureux et ferme. Il impose d'arracher la société à la domination de l'argent roi, et de lui imposer la priorité au développement humain : éducation, science, santé, culture, raison, spiritualité. Il fait de la solidarité le principe du contrat social.

Le principe de solidarité s'applique de la même manière entre générations. C'est pourquoi la question du durable, de la politique tenable, est la question démocratique par excellence. L'environnement, la Terre, l'eau, la biodiversité, l'air, l'atmosphère sont des biens communs à nos générations et à celles qui nous succèderont. Il en est ainsi aussi des dettes que nous avons laissées s'accumuler. Auprès du gouvernement et des pouvoirs publics, un « défenseur des générations à venir » devra donner un avis sur toutes les décisions à prendre.

Le projet qui unit ainsi les Français est activement défendu dans le cadre européen. L'union de l'Europe est notre voie d'accès à l'influence dans le monde. C'est le modèle politique qui nous permet de défendre, au travers des crises de la mondialisation, nos raisons de vivre et nos choix de société. Car l'Europe, ce n'est pas d'abord un marché. Ce sont d'abord des valeurs de vie que nous partageons et qui viennent de siècles d'histoire commune.

L'Union européenne a su construire une monnaie respectée dans le monde. Elle ne peut pas s'arrêter là. Elle doit entraîner les pays qui la composent à agir ensemble, pour peser, et non pas séparément, notamment *pour lutter contre la récession et la grande dépression qui menace. La zone euro, qu'elle le veuille ou non, est une avant-garde de ce que sera l'Europe démocratique de demain. Cette avant-garde n'est pas fermée, elle peut être rejointe, mais elle doit marcher.*

À une seule condition : il faut qu'elle devienne compréhensible par les citoyens. Les décisions de l'Union sont prises en leur nom, c'est leur vie qu'elles changent : on ne peut plus les tenir à l'écart de la préparation de ces décisions et de leur délibération. L'Europe n'appartient pas aux diplomates, aux hauts fonctionnaires, aux cabinets ministériels. Elle appartient aux citoyens et il faut la leur rendre. C'est une épreuve de force qui s'annonce pour obtenir que les portes et les fenêtres s'ouvrent à la démocratie. Mais cette révolution pacifique est nécessaire. Et si les citoyens mènent le combat, nul ne pourra s'y opposer. La France exigera donc que les décisions prises au sein de l'Union soient préalablement annoncées aux citoyens, avec le délai nécessaire pour qu'ils puissent saisir leurs parlementaires européens et suivre les débats préalables. Et la délibération de ces décisions doit être publique pour que chacun des citoyens sache la position qu'ont réellement prise ceux qui parlent en son nom.

Dans le monde, par sa propre voix et par celle de l'Union européenne, la France défend la loi internationale, s'oppose à la domination des Empires, construit un monde équilibré. Elle promeut donc la constitution d'ensembles politiques, dont l'Union européenne est le premier exemple, qui traitent à égalité les membres qui les composent, qu'ils soient petits ou grands par la taille, capables de défendre leurs intérêts et leurs valeurs face aux puissances établies, États-Unis ou

Chine, et de ne pas subir leur loi. Cet équilibre du monde, que la France a voulu, est le seul moyen pour éviter la guerre et l'affrontement des extrémismes, notamment religieux.

Ce sont là des principes simples, aisément accessibles, qui transcendent les luttes de partis. Ils forment un projet en confrontation directe avec l'abus de pouvoir qui s'étend actuellement sur la France. Ces principes sont en amont des discussions de programme, des mesures à prendre, des dispositions économiques, budgétaires, fiscales et sociales qui font le quotidien de l'action d'un gouvernement. Ce sont des principes de rassemblement de la nation, des citoyens français, dans leur diversité, le jour où la nécessité leur imposera de retrouver l'équilibre et le cap dont on les a détournés.

Rendre à ce projet sa légitimité, sa dynamique, sa force, c'est à la fois honorer les racines de notre pays et se projeter dans l'avenir. Car le monde universel et notre monde européen n'ont pas de plus grande attente que de trouver un projet qui s'oppose à la domination des forts et à la dictature de l'argent. La France n'a jamais eu d'autre vocation. Et il n'est rien de plus libérateur que de retrouver sa vocation après l'avoir perdue.

Table

Cet ouvrage a été imprimé en France par

à Saint-Amand-Montrond (Cher)
en avril 2009

N° d'édition : 20876. — N° d'impression : 091301/1.
Dépôt légal : avril 2009.